超!超訳

あらすじと解説で「聖書」が一気にわかる本

大城信哉
琉球大学非常勤講師

はじめに

聖書は古典中の古典として、長く敬意をもたれてきました。実際に手にとってめくったことがあるという方も大勢いると思います。永遠のベストセラーといわれることもあります。しかし、じっくり読んだ人となると、ぐっと減ってしまいます。仕方ありません。分厚《ぶあつ》いうえに、とても読みにくい本だからです。

そこで、聖書に興味をもつきっかけとなるためのガイドブックとして、この本は製作されました。特定の宗教を前提としなくても、いまの私たちがおもしろく読める内容が聖書という書物のなかにはたくさん隠れています。そうした宝物を掘りだしてひとつひとつ台にのせ、ああ、これは私にもあてはまるとか、これはちょっと違うようだがヒントになった……といえるなら、それはとっても有益なことでしょう。

たしかに聖書は、何をいっているのかわからない部分がたくさんあります。神様が出てきて人を呼びだしたり何か命じたり、とても事実だとは思えないところも少なくありません。しかも書いた人が、これは事実だと主張しているのかどうかすら、よくわかりません。

しかしそれでも、聖書は長く読みつがれてきました。

そこには「このように読めば興味深いことが読みとれる」という、解釈の歴史があります。それは必ずしも書かれていることを素直に受けとることとはかぎりません。むしろかなりうがった読み方をすることもあるのですが、そのような解釈が積み重ねられていったなかで、おもしろい読み方が見つけられてきたということです。

この本では、そうした歴史をふまえながら、現代の私たちに通じる興味深いものを探っています。多くの方が、聖書の宝を発見されるよう願ってやみません。

著者　大城信哉

超！超訳 あらすじと解説で「聖書」が一気にわかる本

もくじ

はじめに……3

序章 聖書とは何か？

聖書を読み解く基礎知識……14
聖書はいつごろ、誰によって、何語で書かれたのか？／旧約聖書と新約聖書の違いは？／聖書が書かれた時代の民族的な背景とは？／ユダヤ教とキリスト教の違いとは？

旧約聖書の基礎知識……18
神によって導かれた歴史とその教えについて書かれた律法／神の言葉を伝える預言者と個性豊かな内容の諸書／旧約聖書の舞台

新約聖書の基礎知識……21
イエスの伝記を書いた福音書と弟子の様子を記した歴史書／信徒

に送った手紙と未来を語った黙示録／新約聖書の舞台
●聖書の世界と歴史年表 …… 24

第1章 古代イスラエル人の神話 ―― 旧約聖書

イントロダクション …… 26
天地創造 …… 28
神がこの世界のすべてと人類を造った
楽園追放 …… 32
アダムとエバが人間が苦しむ原因を作った!?
人類最初の殺人 …… 37
人が共存して生きることは難しいのか
ノアの箱舟 …… 41
神と人との「約束」とは?
バベルの塔 …… 45
世界中にさまざまな言語が生まれた理由

族長物語……49
連帯責任は正義か、それとも悪か
モリヤの山の試練……56
「神を信じる」ことの本当の意味
エサウとヤコブ……60
身近なものこそがだまし合う？
ヤコブの物語……64
まっすぐな態度が償いとなる
ヤコブの息子たち……68
人を怨まないことのすばらしさ
コラム　聖書と写本／72

第2章　古代イスラエルの歴史世界——旧約聖書

イントロダクション……74
モーセの前半生……76
複雑な運命をたどった指導者

神との遭遇 …… 80
予期せぬ出会いが運命を変える
指導者モーセ …… 84
あなたが信じるべきものは？
出エジプト …… 88
奴隷の状態に甘んじてはならない
モーセの十戒 …… 92
集団を支えた共通の掟とは？
金の子牛 …… 96
契約を破ればとことん追及される
新しい指導者ヨシュア …… 100
指導者を選ぶということ
エリコの城壁 …… 104
立ちはだかる城壁をどうやって攻略したか
サムソンとデリラ …… 108
色香に負けた英雄

ルツの物語 ……… 114
いかにして同一の民となるか
サムエルと初代王サウル ……… 120
特別な人がいると結束は強くなる
ダビデとゴリアテ ……… 124
友を信じて守り抜けるか
イスラエル王国の隆盛 ……… 130
どんな英雄にも陰の面がある
ソロモンの栄華 ……… 137
知恵は強力な武器となる
イスラエル王国の分裂 ……… 144
北と南、それぞれの運命
旧約聖書の多様な世界（1）
◆苦しむことに意味を与えた預言者 —— イザヤ書 ……… 150
旧約聖書の多様な世界（2）
◆歴史を否定する虚無的な書？ —— 伝道の書 ……… 152

旧約聖書の多様な世界（3）
◆神に正しさを問いかける――ヨブ記……154

第3章 イエスとキリストの物語――新約聖書

イントロダクション……158
新約聖書の主人公……160
イエスは名前でキリストは称号
四人の著者がイエスを語る……163
「共観福音書」とは？
処女降誕……166
イエス誕生には二つの物語があった
バプテスマのヨハネ……172
首を斬られた預言者の話
内面の道徳を説くイエス……178
「マタイ福音書」のイエス像
物語作家イエス……183

イエスを取りまく、たとえ話の数々
奇跡物語……187
イエスの起こした奇跡の伝説
最後の晩餐……191
受難をも受けいれる覚悟
ペテロとユダ……197
裏切りの二つのかたち
十字架と復活……201
人は許されることを求める
ヨハネによる福音書……207
人を世界の外へ連れだす思想

第4章 初期キリスト教の歴史 —— 新約聖書

イントロダクション……214
聖霊降臨……216
教会共同体のはじまり

国際派ユダヤ人と土着派ユダヤ人……221
人間が集団を作ることの難しさ
パウロの登場……226
迫害者から宣教者への転換
「キリスト教徒」の出現……232
ユダヤ教の一派から独立の宗教へ
パウロの手紙に見られる考え……237
信仰によって、キリストとともに生きる
ヨハネの黙示録①……241
終末の日にやってくるキリスト
ヨハネの黙示録②……246
最後の審判の果てに
おわりに……253

※本文中の『口語訳　聖書』（日本聖書協会刊）からの引用部分で、ゴシック文字を使用している箇所は、本書編集側で補足しています。

序章

聖書とは何か?

聖書を読み解く基礎知識

Q 聖書はいつごろ、誰によって、何語で書かれたのか？

A キリスト教徒が使う聖書は、旧約聖書と新約聖書に分かれています。

このうち旧約聖書は、紀元前九〇〇年代から紀元前一〇〇年代にかけて、ヘブル語（一部アラム語。どちらも古代イスラエルの人々にかかわる言語）で書かれました。書いた人はわかりません。多くの人々が書いたものが、あとから編集されたと考えられています。

一方、新約聖書は、紀元五〇年ごろから一〇〇年代にかけて、ギリシア語で書かれました。ギリシア語は、当時の地中海世界の国際語です。書き手はパウロという人がわかっていますが、あとはわかりません。

ユダヤ教徒の使う聖書は旧約聖書のみです。新約聖書がないので対比する必要がなく、旧約聖書とは呼びません。

Q 旧約聖書と新約聖書の違いは？

A ひとことでいえば、古い契約か新しい契約かという違いです。

旧約聖書は古代イスラエルの宗教文書で、そこに契約という考えがあります。

契約とは約束のことです。そして、神と人との契約が書かれたのが聖書だと理解されています。旧約聖書には、モーセという人を通じてイスラエルの民に律法《りっぽう》と呼ばれる掟が与えられ、男子にはペニスの包皮を切りとる割礼《かつれい》が要求されたとあります。

しかし旧約聖書には、いまの約束は古い契約で、これから新しい契約となると書かれている一書があります。これはあくまでも未来のことなのですが、イエスという人がやってきたのが神の約束の実現で、これこそ新しい契約だという理解もあります。

そこでイエスについて書かれた本が新約聖書です。イエスが神の約束の実現だと考えるのはキリスト教徒で、新約聖書はキリスト教にしかありません。

Q 聖書が書かれた時代の民族的な背景とは？

A 旧約聖書の内容は、古代イスラエルの人々の物語です。イスラエルとは、部族のように同じ出自《しゅつじ》の人々（血族集団《けつぞくしゅうだん》）なのか、それとも約束して同じ仲間になった人々（盟約集団《めいやくしゅうだん》）なのか、旧約聖書でも曖昧《あいまい》です。おそらく、いくつかの部族が約束してひとつの仲間となったのでしょう。イスラエルという名は自称ですが、もともとは他称だったヘブル人（ヘブライ人）という呼び名もあります。

ところで、イスラエルを構成していたいくつかの部族のなかに、ユダというものがありました。イスラエルは古代社会の争いのなかで滅びてしまいます、ユダの人々だけは、自分たちはイスラエルだという意識をもつ集団として生き延びました。彼らのことをユダヤ人といいます。ですから本来はユダヤ人とはイスラエルのうちの一部というべきなのですが、残りがすべて滅びてしまったので、事実上イスラエルの民とユダヤ人とは同じことになりました。

旧約聖書のもととなった文書が書かれはじめたのは、古代イスラエル王国の時代ですが、まとめられたのはユダ以外の部族が滅びたあとなので、旧約聖書という本を作ったのはユダヤ人だということになります。

新約聖書は、イエスについて書かれた本ですが、ユダヤ教を背景としています。イエス自身もユダヤ人です（ガリラヤという辺境の地の出身で、主流派ではありませんが）。ただ、新約聖書の書き手のなかには、ユダヤ人以外の人が入っていることは確実です。ユダヤ人以外の人はユダヤ人からは「異邦人」と呼ばれますが、新約聖書はユダヤ人と異邦人の合作ということになります。どちらの要素が強いかは意見が分かれますが、それでも強くユダヤ的であることは間違いないでしょう。

Q ユダヤ教とキリスト教の違いとは？

A ユダヤ人たちは、聖書をまとめただけでなく、ユダヤの地に神殿を築いて祭儀《さいぎ》をすることで、自分たちの宗教を整備していきました。こうなってからのイスラエルの宗教を、とくにユダヤ教といって区別します（それ以前のものは古代イスラエルの宗教、旧約宗教、あるいは聖書宗教といったりします）。

紀元前後のユダヤ教にはいくつかの派がありました。代表的なものは、サドカイ派（神殿での祭儀を重視）、パリサイ派（律法を解釈しなおして、日常生活に適用することを重視）、エッセネ派（人里離れたところで修行していた出家集団）の三つです。

ほかにもいくつか細かい派はあったことでしょう。このなかに、イエスこそ待ち望まれていた「メシア（救い主）」であると考える一派ができました。名前はありませんが、イエス派あるいはキリスト派というところでしょう（「メシア」のギリシア語訳が「キリスト」で、どちらも同じ意味です）。これは少なくとも初期の段階では確実にユダヤ教の一派、単なる少数グループでした。しかし律法も割礼も要求せず、ただ信仰のみを問うこの派は民族の垣根を超えることができ、ユダヤ人以外の人が多く入ってきます。これがキリスト教のはじまりでした。

旧約聖書の基礎知識

神によって導かれた歴史とその教えについて書かれた律法《りっぽう》

旧約聖書は、キリスト教とユダヤ教で構成する書物の数え方が異なります。ここでは、ユダヤ教の数え方に基づいて二十四の文書と数えます。

旧約聖書の構成は、大きく律法、預言《よげん》者《しゃ》、諸書《しょしょ》の三つに分かれます。

まず律法ですが、これは神によって与えられたイスラエルの守るべき教えを意味する言葉ですが、その教えがイスラエルに与えられた歴史について書かれた書物を指していうこともあります。ここでいう律法とは、後者の意味です。

律法は、モーセ五書とも呼ばれ、旧約聖書の中心的な部分を担います。「創世記」「出《しゅつ》エジプト記」「レビ記」「民数記《みんすうき》」「申《しん》命記《めいき》」の五つです。

神の言葉を伝える預言者と個性豊かな内容の諸書

次が預言者です。預言者とは、神の言葉を聞き、それを人々に伝える役目をもった人のことをいいますが、ここでは、その預言者の言葉を記した書物のことを意味します。

預言者は、さらに前の預言者とあとの

旧約聖書の構成（全24書）

律法（モーセ五書）：5

「創世記」「出エジプト記」「レビ記」「民数記」「申命記」

預言者：8

前の預言者…「ヨシュア記」「士師記」「サムエル記」「列王紀」
あとの預言者…「イザヤ書」「エレミヤ書」「エゼキエル書」「十二小預言書（ホセア書、ヨエル書、アモス書、オバデヤ書、ヨナ書、ミカ書、ナホム書、ハバクク書、ゼパニヤ書、ハガイ書、ゼカリヤ書、マラキ書）」

諸書：11

「詩篇」「ヨブ記」「箴言」「ルツ記」「哀歌」「歴代志」「エズラ・ネヘミヤ記」「ダニエル書」「雅歌」「伝道の書」「エステル記」

※キリスト教の聖書では、「サムエル記」「列王紀」「歴代志」が、それぞれ上下に分かれ、十二小預言書もそれぞれ独立の文書と数えられます。しかも「エズラ記」「ネヘミヤ記」も別々の文書とされるので、全体で39となります。

預言者の二つに分かれます。前の預言者とは、「ヨシュア記」「士師《しし》記」「サムエル記」「列王紀」の四つの文書のことです。内容は、預言というより歴史で、実際には律法（モーセ五書）が確定したあとの歴史書、ということのようです。

あとの預言者は、本来の意味での預言者の言葉を集めたものです（一部例外があります）。まず、長いものが三つあります。「イザヤ書」「エレミヤ書」「エゼキエル書」です。そのほかに短いものが「ホセア書」「アモス書」など十二あります。

残りが諸書といい、「詩篇《しへん》」「ヨブ記」「ダニエル書」など十一の文書があります。どれも個性豊かな内容で、文学的価値が高く評価されています。

旧約聖書の舞台

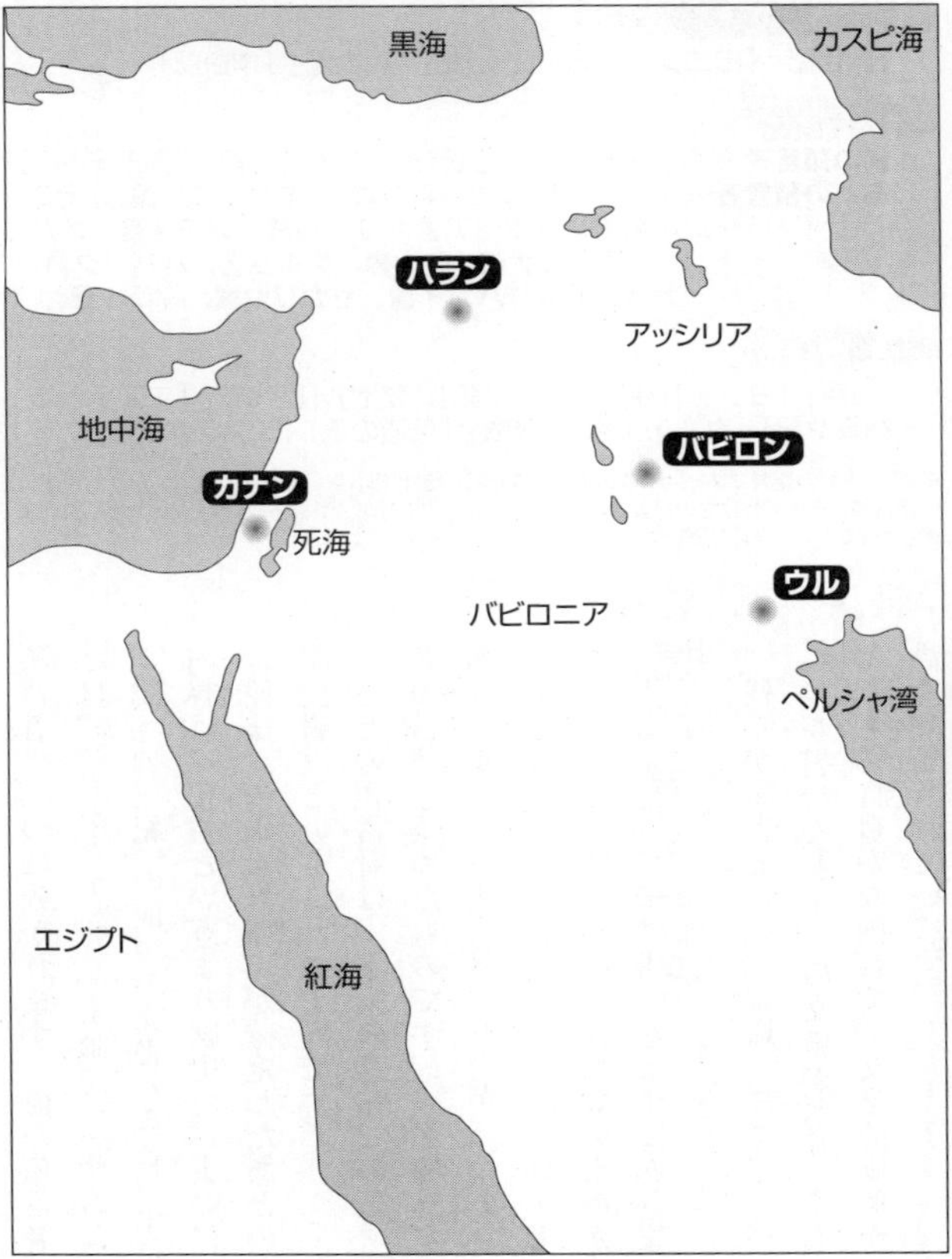
黒海
カスピ海
ハラン
アッシリア
地中海
バビロン
カナン
死海
ウル
バビロニア
ペルシャ湾
エジプト
紅海

新約聖書の基礎知識

イエスの伝記を書いた福音書《ふくいんしょ》と弟子の様子を記した歴史書

新約聖書は、二十七の文書から成り立っており、これは大きく四つに分かれます。福音書、歴史書、手紙、黙示録《もくしろく》です。

まず福音書ですが、これはイエスの伝記です。死者の復活など普通の伝記と趣《おもむき》は異なりますが、イエスの言動が物語風に記されています。それぞれ著者とされる人の名前をとって「マタイによる福音書」「マルコによる福音書」「ルカによる福音書」「ヨハネによる福音書」と呼ばれますが、著者不詳です。

次の歴史書は、「使徒行伝《しとぎょうでん》」ひとつだけです。イエスが死んだあとの、弟子たちの様子を記します。書いたのは「ルカによる福音書」と同じ人だとわかっていますが、それ以上は不明です。

イエスの直弟子《じきでし》のうち、とくに主だった人たちを使徒といいますが、これはこの著者の考えに基づいています。

信徒に送った手紙と未来を語った黙示録

手紙は、使徒や初期教会で権威あるとされた人が教会の信徒たちに送ったものとされています。私信もありますが、教

新約聖書の構成（全27書）

福音書：4

「マタイによる福音書」「マルコによる福音書」「ルカによる福音書」「ヨハネによる福音書」

歴史書：1

「使徒行伝」

黙示録：1

「ヨハネの黙示録」

手紙：21

パウロの手紙…「ローマ人への手紙」「コリント人への第一の手紙」「コリント人への第二の手紙」「ガラテヤ人への手紙」「エペソ人への手紙」「ピリピ人への手紙」「コロサイ人への手紙」「テサロニケ人への第一の手紙」「テサロニケ人への第二の手紙」「テモテへの第一の手紙」「テモテへの第二の手紙」「テトスへの手紙」「ピレモンへの手紙」

著者が名乗っていない…「ヘブル人への手紙」

著者の信憑性がない…「ヤコブの手紙」「ペテロの第一の手紙」「ペテロの第二の手紙」「ヨハネの第一の手紙」「ヨハネの第二の手紙」「ヨハネの第三の手紙」「ユダの手紙」

会で朗読されることを予想した信徒たちへの勧告や論争的な文書もあります。

パウロが書いたとされる手紙が「ローマ人への手紙」「コリント人への第一の手紙」など十三通ありますが、このうち七通以外は誰が書いたものかわかりません。

なお、「ユダの手紙」のユダは、イエスを裏切ったユダとは別人です。しかも、この名前が偽名であることもわかっています。

最後は黙示録です。これは「ヨハネの黙示録」といい、著者はヨハネと名乗っていますが、「ヨハネによる福音書」「ヨハネの手紙」とは別人です。

黙示録の内容は未来の予言です。新しい世のなかができる前に古い世のなかが滅びるというもので、一貫して不気味なイメージがつづきます。

新約聖書の舞台

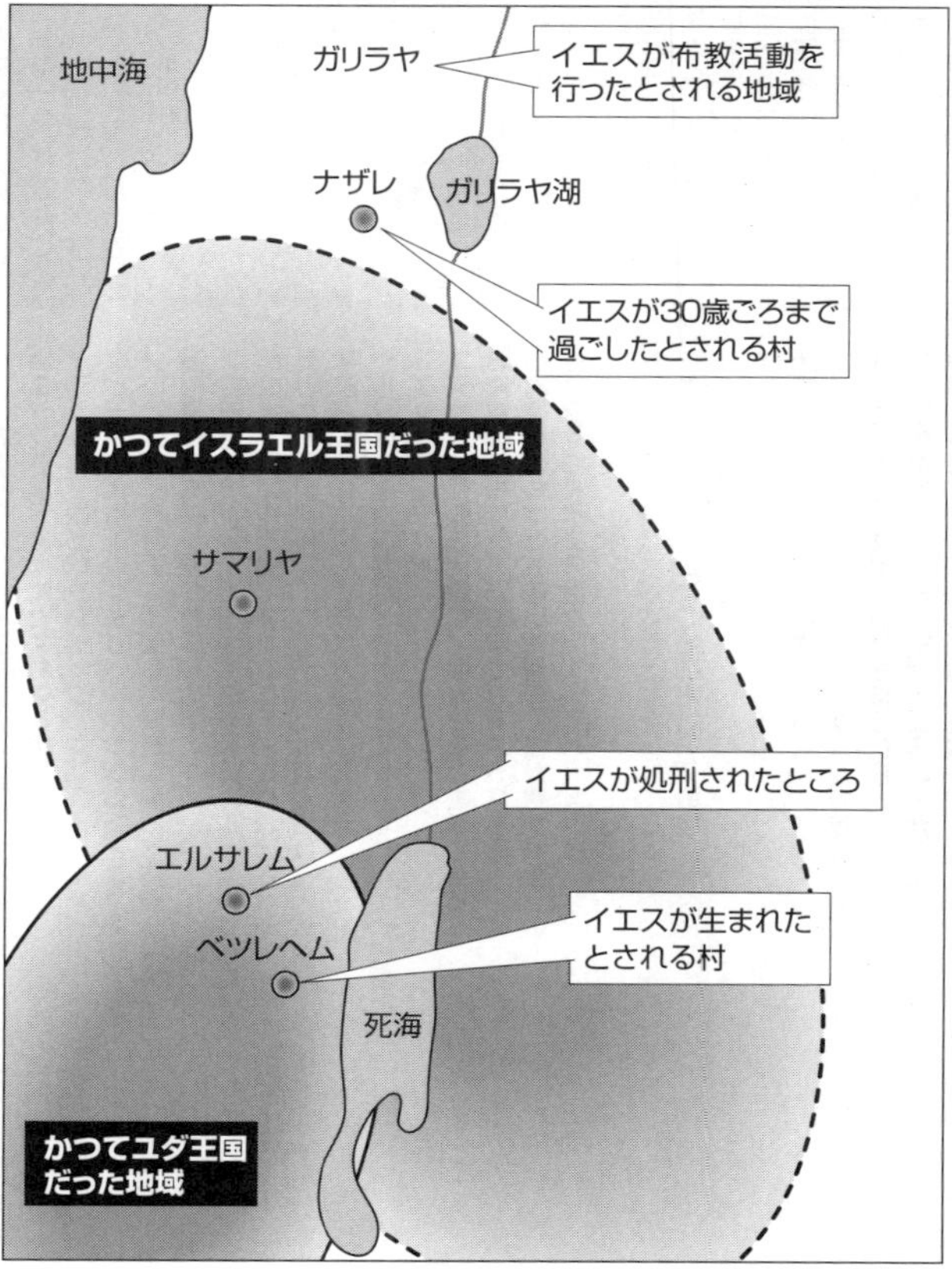

地中海
ガリラヤ
イエスが布教活動を行ったとされる地域
ナザレ
ガリラヤ湖
イエスが30歳ごろまで過ごしたとされる村
かつてイスラエル王国だった地域
サマリヤ
イエスが処刑されたところ
エルサレム
イエスが生まれたとされる村
ベツレヘム
死海
かつてユダ王国だった地域

聖書の世界と歴史年表

紀元前一五〇〇年代ころ	イスラエルの祖先が牧羊生活をしていた?
紀元前一二〇〇年代ころ	出エジプトは、あったとすればこのころか?
紀元前一〇二〇年ころ	イスラエル王国が成立し、サウルが初代王となる
紀元前一〇〇〇年ころ	ダビデが二代目王に即位し、エルサレムへ遷都する
紀元前九六〇年ころ	ソロモンが三代目王に即位し、荘厳な神殿を建設
	旧約聖書の文書が書かれはじめる
紀元前九二六年ころ	ソロモン王の没後、王国は北のイスラエルと南のユダに分裂
紀元前七二二年ころ	北のイスラエル王国、アッシリアに攻め滅ぼされる
紀元前五八七年ころ	南のユダ王国、新バビロニアに攻め滅ぼされる
	神殿が破壊され、バビロン捕囚がはじまる
紀元前五三九年ころ	ペルシア王クロスがバビロンを占領、翌年ユダヤ人の解放へ
	ユダヤ教の成立
	ユダヤ人は神殿を再建し、聖書をまとめはじめる
紀元前二〇〇年ころ	**旧約聖書がギリシア語に訳されるようになる**
紀元前一〇〇年代半ば	**旧約聖書のもっとも遅い時期の文書が書かれた**
紀元前四〜七年ころ	ガリラヤにてイエス誕生
紀元前四年ころ	ヘロデ王没
紀元二八年ころ	バプテスマのヨハネが宣教活動を行い、イエスが洗礼を受ける
紀元三〇年ころ	イエスがエルサレムにて処刑され、その後、教会成立
紀元四〇〜七〇年ころ	パウロが伝道旅行に出る
紀元四八年ころ	エルサレム会議が開かれる
紀元五〇年ころ	**新約聖書の文書が書かれはじめる**
紀元七〇年ころ	ユダヤの地にて戦争勃発、エルサレムの教会の消滅
紀元九〇年ころ	**ユダヤ教で旧約聖書の編纂がほぼ完成**
紀元一〇〇年代前半	**新約聖書のもっとも遅い時期の文書が書かれた**
紀元三九七年	**キリスト教で新約聖書の編纂が完成**

第1章

古代イスラエル人の神話

——旧約聖書

イントロダクション
INTRODUCTION

世界と人類のはじまりからイスラエルの先祖の物語へ

本章では旧約聖書の最初、古代イスラエルの神話的な世界を紹介します。天地創造から人類の創生、そして人間の祖先が楽園を出てこの世界に住みはじめた歴史です。アダムとエバの物語やノアの箱舟、バベルの塔の物語など、ここにはたくさんの人々に親しまれてきた神話が多く出てきます。

しかし聖書は、人類全体の神話が主題なのではなく、もともとはある特定の時代の、特定の人々に向けて語られたものでした。その人々とは、古代イスラエルの民です。ですから、途中から、人類全体ではなく、古代イスラエルの先祖の物語に焦点がしぼられます。

ここでは、彼らの祖先がエジプトにわたるところまでを扱います。

この章のキーワード

【契約】（けいやく）

契約とは、神と人との約束のことです。イスラエルの民は、自分たちだけが神に特別な約束を与えられたと考えていました。ただし、聖書でいう契約は私たちが考える商業的な契約とは違い、神からの一方的な約束です。神の側でイスラエルを選び、愛し、そして救ってくれるというものです。人間の側の態度にかかわらず、神はイスラエルを救うという強い意志を示しているものと理解されてきました。

旧約聖書の主な登場人物（前半）

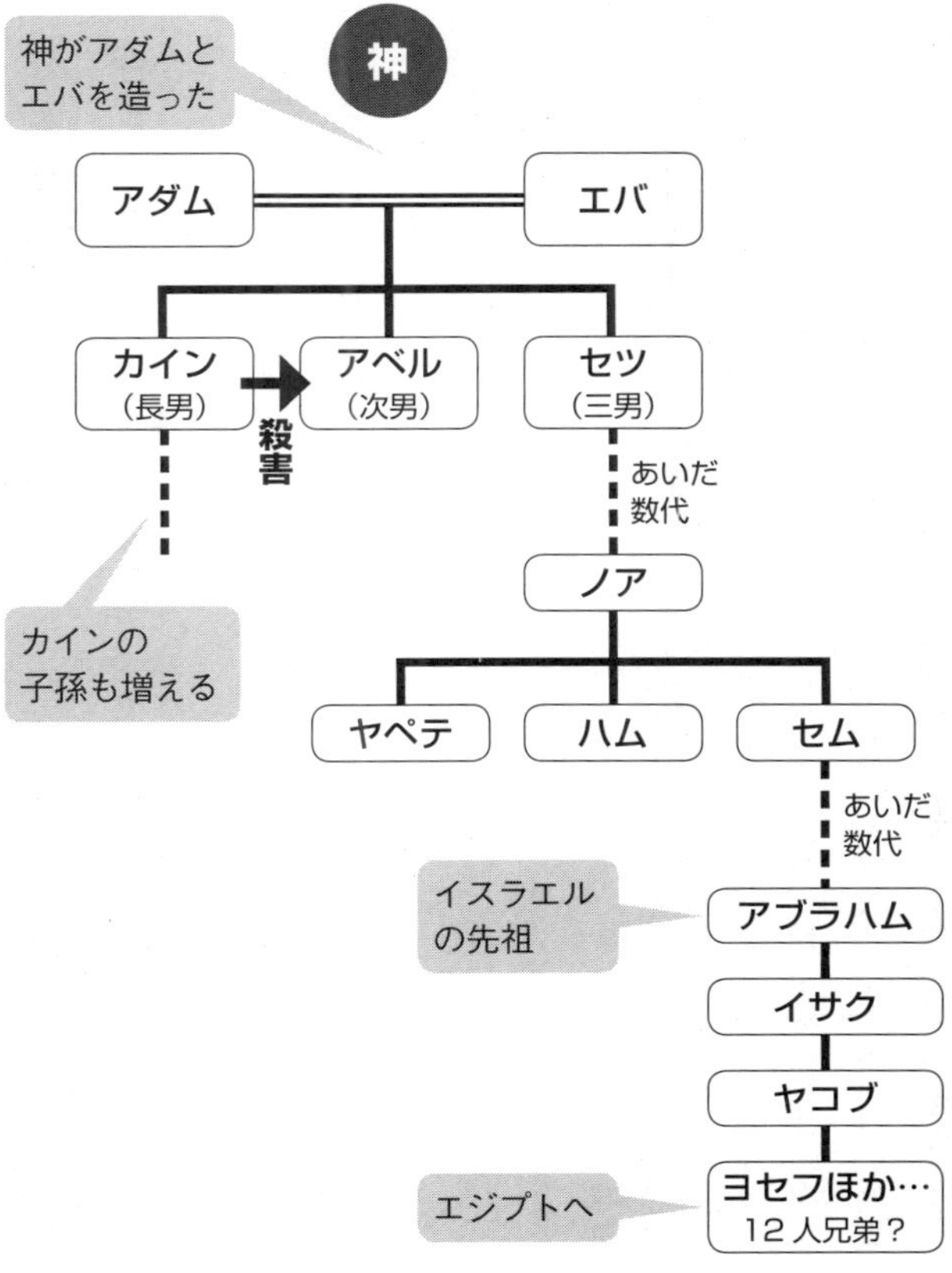

天地創造

神がこの世界のすべてと人類を造った

はじめに神は天と地とを創造された。

(創世記/第1章1節)

神と宇宙は対等ではない⁉

旧約聖書を開くと、最初にこう書かれています。これはどういうことでしょうか。それは、すでにある宇宙に、あとから神が誕生したのではないということです。すべてのものは神に造られ、神なしでは何ひとつありえなかった……この物語の書き手はそう主張し、神と宇宙は対等ではない、といっているのです。

実際、この言葉はそのように受けとられ、そこにさまざまな考察が加えられてきました。たとえば、神がこの宇宙を造ったのだとしたら、造る前に神は何をしていたのかという意地悪な質問も考えられるかもしれません。しかし、この質問は無意味です。神が宇宙を造ったときに「時間」もはじまったのです。ですから、神が宇宙を造る前などというものはないのです。いかにも奇妙な話に聞こえるかもしれませんが、神が天地を造ってはじめて前とあとという区別ができたのだとしたら、むしろ当然だということになります。

さて、神は六日かけて世界を整備していくのですが、その一日目ではまず昼と夜が造られます。

神は「光あれ」と言われた。すると光があった。神はその光を見て、良しとされた。神はその光とやみとを分けられた。神は光を昼と名づけ、やみを夜と名づけられた。夕となり、また朝となった。第一日である。

(創世記/第1章3節~5節)

このあと二日目には空を造り、三日目には空の下の部分を海と陸に分けて、陸には植物を生い茂らせます。四日目、昼と夜の区別をたしかなものとするため、神は太陽と月と星々を天に配置しました。五日目、空の鳥と海の動物たちが造られました。そして六日目、陸にも動物たちが造られ、最後に神のかたちに合わせて神に似たものとして人間の男女が造られ、全体を統治するようにいわれます。こうして世界は人間が管理するものとなりました。これで天地創造は終わりです。

このように、神は世界を六日間かけて造りました。だから七日目はお休みです。一週間の最後の日を休みとする習慣は、ここからきています。ただ、ここで覚えておきたいのは、七日目はただのお休みではなく、神が天地を造ったことを記念する聖なる日だということです。なお、この日のことをユダヤ教では土曜日としていますが、キリスト教の多くの教会では日曜日としています。

●もうひとつの天地創造物語

おもしろいことに、聖書ではこの天地創造のすぐあとで、もうひとつ別の創造物語が語られています。

主なる神は土のちりで人を造り、命の息をその鼻に吹きいれられた。そこで人は生きた者となった。主なる神は東のかた、エデンに一つの園を設けて、その造った人をそこに置かれた。

（創世記／第2章7節・8節）

ここでは、神は最初に土から男を造ります。それがアダムです。そしてエデンという園を造り、アダムを住まわせます。さらに神は、人がひとりなのはよくないと、アダムが眠っているときにアダムの肋骨《ろっこつ》を少しとって女を造ります。この女はのちにエバと呼ばれます。こうして人間は男女ふたりとなったのです。

いかがでしょうか。先の物語では人間は最後に造られましたが、こちらの物語では最初です。そして、先の物語では人間は最初から男女ペアで造られていたのに、こちらでは男が先で、女は男を助けるためにあとから造られています。

このような矛盾やくり返しは、聖書のなかにはよく見られます。これは、聖書がひとりの著者によるものではなく、多くの人がいろいろな時期に書いたものをあとからまとめてできたものだからです。

聖書を読み解く 豆知識

私たちが思い浮かべる天地創造の物語というと、これら二つの話を混ぜ合わせたようなものではないでしょうか。聖書は、書かれている内容が忠実に読まれるというより、矛盾やくり返しには適当に目をつぶりながら読まれてきました。しかし長い歴史のなかでは、聖書そのものよりもむしろ「そのように思われてきた聖書」のほうが、ときに重要な役割を果たしています。

創世記

楽園追放
アダムとエバが人間が苦しむ原因を作った⁉

●誘惑に負けたアダムとエバ

最初の人間であるアダムとエバは、エデンの園で何の不自由もなく暮らしていました。エデンが天国だとはいわれていませんが、私たちが住む現実の世のなかとは違い、とても住みやすい楽園のようなところだったのでしょう。そこでアダムもエバも苦労を知らずにのびのび暮らしていたようです。しかしあるとき、蛇《へび》がエバをそそのかします。「創世記」には、次のようにあります。

へびは女に言った、「あなたがたは決して死ぬことはないでしょう。それを食べると、あなたがたの目が開け、神のように善悪を知る者となることを、神は知っておられるのです」。

（創世記／第3章4節・5節）

こういわれたエバは、食べることを神に禁じられていた善悪を知る木の実を口にしてしまいます。さらにそれをアダムにも食べさせます。すると彼らは自分たちが裸であることに気づいてイチジクの葉で前を隠すようになりました。善悪を知るとは、こういう余計な考えをもつことでもあったのです。

なお、エデンは労働のない楽園だったようにいう人がいますが、善悪を知る木の実を食べる前からアダムは土地を耕していました。つまり、労働していたのです。しかもその労働はアダムにとって苦しいだけのものではなかったようです。誰もが楽しく働ける世のなかを作ろうという、のちの社会主義の考えなどは、この点でエデンへの回帰を目指したものといえます。

神に背《そむ》いたものへの重すぎる代償

さて、木の実を食べたアダムとエバのもとへ神がやってきました。無垢《むく》ではなくなってしまったふたりは、神と向き合うことが恐ろしく、身を隠します。神はどういうことかと問いただしましたが、アダムはエバに、エバは蛇にそそのかされたと答えるだけです。そこで神は、三者それぞれに罰を与えます。

主なる神はへびに言われた、

「おまえは、この事を、したので、
すべての家畜、野のすべての獣のうち、
最ものろわれる。
おまえは腹で、這《は》いあるき、
一生、ちりを食べるであろう。
わたしは恨みをおく、
おまえと女とのあいだに、
おまえのすえと女のすえとの間に。
彼はおまえのかしらを砕き、
おまえは彼のかかとを砕くであろう」。

（創世記／第3章14節・15節）

これにより蛇は地を這って生きるようになり、人間とは敵同士にされます。また、女は産みの苦しみを負わされたうえに男に支配されるものとなり、男は一生苦しんで働き、やがては土に返って死んでしまうものとなってしまいます（もちろん女も死にますが、ここではアダムがもともと土から造られたということに注

蛇の誘いに乗り、禁断の実を口にしたアダムとエバは、物事の善悪を知ってしまう。

意が向けられているようです）。そして、アダムもエバもエデンを追放されてしまいます。

この物語はその後、いろいろに解釈されてきました。アダムとエバが神の命令に背いて木の実を食べたことは神に対する人間の最初の反逆で、キリスト教ではこれを「原罪《げんざい》」と呼んでいます。そして人間はみな彼らの子孫なので、誰でもこの罪を負っていることになります。ユダヤ教では必ずしもそうは考えませんが、人の世に苦労が多い原因の説明になっています。

私たちは、この世界のなかで苦しんで生きなくてはなりません。それは、男がうえに立って働き、女は子を産み育てるというしきたりの社会でなくても同じことでしょう。楽園追放の物語は、人が辛い現実を受けいれるためにどうしても必要なものだったのかもしれません。

最後にもうひとつ。ここに登場する蛇は、よく悪魔と同一視されますが、この物語では、とくにそうとは語られていません。これもまた、むしろ蛇が地を這う生き物であることとの原因の説明のように読めます。神が罰を与える前、蛇はいったいどんな姿だったのでしょうね。

聖書を読み解く 豆知識

最初のほうの創造物語で、人間は「神のかたち」をかたどって造られたとありました。これが、楽園からの追放物語と絡み、のちに問題となります。この「神のかたち」とは手が二本、足が二本といった外見的なことではないでしょう。では、人の心に何か神のようなところがあったということでしょうか？　しかし、人間は神に反逆してしまいました。そうだとするとこの「神のかたち」はアダムとエバがエデンを追放されたときに一緒に消え失せてしまったものでしょうか？　それとも少しは残っているものでしょうか？

創世記

人類最初の殺人

人が共存して生きることは難しいのか

カインとアベルは農耕民と牧畜民の象徴だった⁉

アダムとエバにはエデンを追放されたあとで、ふたりの子ができました。カインとアベルです。兄のカインは土を耕す者となり、弟のアベルは羊を飼う者となりました。聖書には、兄弟がそれぞれ神に捧げものをわたしたときの様子が書かれています。

日がたって、カインは地の産物を持ってきて、主に供《そな》え物とした。アベルもまた、その群れのういごと肥えたものとを持ってきた。主はアベルとその供え物とを顧みられた。しかしカインとその供え物とは顧みられなかったので、カインは大いに憤って、顔を伏せた。

（創世記／第4章3節～5節）

神はアベルからの供え物は受けいれたのに、カインからの供え物は受けいれなかったのです。カインはこのことにひどく怒り、このあとアベルを野に連れだして殺してしまいました。人類最初の殺人です。

しかし、この物語は、文字どおりに受けとるには奇妙なところが多すぎます。まず、神がアベルの供え物を受けとり、カインのものを受けとらなかった理由が書かれていません。ただ、アベルは自分の羊のなかでもっともよいもの――ういご（初子）と肥えたもの――を選んだとありますが、カインのものについてはとくにそういうことが記されていないことから、アベルのほうが神に対してカインよりも誠実な態度だったのだという解釈もあります。

しかしおそらく、この物語で示されているのは、カインとアベルというふたりの人間の個人的な感情や諍《いさか》いのことではなく、当時の農耕民と牧畜民のあいだの複雑な関係のことだったのでしょう。

●弟殺しに与えられた放浪の罰と救い

さて、神に弟の居場所を尋ねられたカインは、次のようにいってごまかします。**主はカインに言われた、「弟アベルは、どこにいますか」。カインは答えた、**

「知りません。わたしが弟の番人でしょうか」。

（創世記／第4章9節）

もちろん神には通じません。神はカインに弟の血の声が土のなかから叫んでいて、それゆえ土地からは呪われ、いくら耕しても土地は協力してくれなくなる、つまり地上の放浪者となることを告げるのです。

これを聞いてカインはひどく恐れますが、神はカインにひとつのしるしをつけて（この「しるし」が何であるかは書かれていません。入れ墨だろうという歴史学者もいます）、ほかの人から彼を守ることにします。カインはこうして神の前を去り、エデンの東、ノドの地に住むようになりました。

このカインとアベルの物語は、私たちがこの現実の世のなかで共存して生きることにおける困難をよく示していると考えられます。神話のなかで語られる人類最初の兄弟は、仲よく共存していくことができませんでした。〝人類はみな兄弟だ〟という考えがありますが、あるいは兄弟だからこそ、人間同士は協力し合うことが難しいのかもしれません。

カインとアベルの物語は、これを語ったもともとの聖書の書き手の意図を離れ、多くの解釈を呼ぶものとなりました。新約聖書のなかでも、人間同士が憎しみ合うことの例として、よく引き合いにだされます。

ジェームズ・ディーン主演の映画『エデンの東』は、兄弟同士の複雑な愛憎の物語ですが、この部分を下敷きにしたものです。

聖書を読み解く 豆知識

ほかの人からカインを守るために神がカインにしるしをつけたとありますが、カインとアベルは最初の人間アダムとエバの子ですから、まだほかの人間などいないはずです。このあとカインは結婚しますが、その妻もどこからきたのかわかりません。こうしたところであげ足をとる人もいますが、この物語は人類創生直後のことを語った歴史としてではなく、現在にまで通じる神話として読んだほうが興味深いものとなるでしょう。

ノアの箱舟
神と人との「約束」とは?

創世記

退廃した世を一掃するための大洪水が起こった

カインの両親アダムとエバは、もうひとり男の子をもうけています。その子の名はセツといいます。カインの子孫とセツの子孫の関係はあまりはっきりしません。系図が混乱しているようなのです。そのあとの人類はみな、セツの子孫に見えますが、カインの血も混じっているのかもしれません。いずれにせよ次の重要な物語の主人公となるのは、ノアという人でした。

このころ地上のありさまはひどく退廃していて、神はこの世界を造ったことを後悔し、この世界を終わらせようと決意します。そこで大洪水を起こすことにするのです。しかしノアだけには警告し、この大洪水を逃れられるようにしました。このとき神の命令にしたがって造られたのが、ノアの箱舟です。

主はノアに言われた、「あなたと家族とはみな箱舟にはいりなさい。あなた

がこの時代の人々の中で、わたしの前に正しい人であるとわたしは認めたからである。……

（創世記／第7章1節）

ここでいう「正しい人」とは、道徳的に模範となるような人物というよりも、いつでも神にしたがっていた人のことを示しているようです。

ノアは大きな箱舟を作り、自分の家族とすべての動物たちを雌雄《しゆう》つがいでいれます。すると、果たして大水《おおみず》がやってきました。これは四十日四十夜の大雨の結果のようにも、あるいは最初のほうの創造物語で神に造られたとある空と海の境界線が取り払われたからのようにも記されています。創造物語同様、洪水による破滅の物語も二つが合わさって語られています。

ともかくこうして、この地上の世界は一度破局を迎えます。文字どおり世の終わりがきて、悪逆に満ちた罪深い人間たちも一掃されてしまったのでした。

◎生まれ変わった世界のはじまり

箱舟は長いあいだ水のうえを漂いつづけました。これも、四十日間とも百五十

ノアー族とひとつがいずつの動物は、40日40夜つづいた嵐を箱舟のなかで耐え忍んだ。

日間ともありますが、ここでは前者のほうの話をしましょう。四十日ののち、ノアは水がひいたか確かめるために、何度か鳩《はと》を放ちます。オリーブの枝をくわえて鳩が戻ってきた七日後、再び鳩を放ったところ、もう戻ってきませんでした。新しい地上の世界ができている証《あかし》です。こうして世界は生まれ変わり、ノアたちは箱舟を降りることができました。と同時に、神と人との関係も新しいものとなりました。

すなわち、わたしは雲の中に、にじを置く。これがわたしと地との間の契約のしるしとなる。

（創世記／第9章13節）

神はノアとその息子たちを祝福し、彼らの子孫が満ちあふれるようにするとともに、人間に世界の管理者としての権限を与え、もう二度と洪水などで滅ぼすことのないよう約束をします。そのしるしとして虹がかけられた、というわけです。

このような約束は「契約」と呼ばれます。契約とは他人同士の約束のことです。神と人間は親子のような自然な関係ではなく、夫婦のように他人同士が約束し合った関係であると考えることは、聖書では重要なポイントです。

聖書を読み解く 豆知識

この洪水物語は聖書がオリジナルではありません。古代オリエント世界ではほかにも見られます。つまりよそから伝わった物語が聖書風に作り変えられたのです。これは現在の古典文献学でははっきりしていることですが、聖書の権威が強かった十九世紀の西洋で古い洪水物語が発見されて、聖書はこれを改変したらしいとわかってきたときには、随分と大騒ぎになったようです。

バベルの塔

世界中にさまざまな言語が生まれた理由

創世記

諸民族の祖先はノアの息子たち

さて、ノアには息子が三人いて、それぞれセム、ハム、ヤペテといいました。そして、聖書にはこの三人から世界中の諸民族が生まれたと記されています。

これらはノアの子らの氏族であって、血統にしたがって国々に住んでいたが、洪水の後、これらから地上の諸国民が分《わか》れたのである。

（創世記／第10章32節）

実際に多くの民族の名が出ていますが、もちろんこれは「創世記」のこの部分を書いた人が知るかぎりでの世界中の諸民族ということで、私たち東アジア人のことは出てきません。それでも驚くほど多くの民族の名が登場し、世界中の人々についてその系譜を説明しようとしたという試みは本気だったようです。なお、旧約聖書の主人公であるイスラエルの民族は、長子セムの子孫だとされています。

セムの十代ほどあとの子孫に、アブラムという人がいました。このアブラムはのちにアブラハムと名を変えますが、このアブラハムがイスラエルの先祖だとされています。アブラハムの息子のイサク、そのまた息子のヤコブといった人々は部族のリーダーとして族長《ぞくちょう》と呼ばれ、彼らの伝記は族長物語と呼ばれています。その物語については次項にまわすとして、ここではもうひとつ神話めいた物語を紹介しましょう。

◉神が戒《いまし》めているのは人間の傲慢《ごうまん》さ

ノアの洪水のあとぐらいまで（年代は書かれていませんが）、この地上ではすべての人々が同じ言語を使っていました。そして人々は自分たちの町を作り、そこに塔を建て、それを天にまで届かせることで自分たちの名を挙げようとします。しかし、神はそれを許しませんでした。聖書の神は、人間が神と同じになろうとする傲慢さをたいへん嫌います。アダムとエバがエデンを追放されることになったきっかけも、善悪を知って神と同じになろうとしたことでした。あるいはノア以外の人々が滅ぼされたことにも、そういう理由があったと思われる節《ふし》があります。ここでも、人間の建てる塔を天という神の領分にまで届けさせようという驕《おご》りが、神の怒りを買ったのでしょう。それゆえ、人間の言語を多くに分けてしまったのです。そのため人間はお互いに意思の疎通が不可能となってひとつにまとまることができなくなり、世界中あちこちに散っていくことになってしまいました。聖書のなかでは、次のように書かれています。

「さあ、われわれは下って行って、そこで彼らの言葉を乱し、互に言葉が通

神に近づくなどといううぬぼれた考えをもった人間に対し、神は言葉を混乱させることで戒めた。

じないようにしよう」。こうして主が彼らをそこから全地《ぜんち》のおもてに散らされたので、彼らは町を建てるのをやめた。

（創世記／第11章7節・8節）

これは、楽園追放の物語と同様、うまくいかない現実に対する説明です。と同時に人の傲慢を戒める物語ともなっているのが、聖書らしいところです。

ところで、メソポタミアのバビロンという町には、当時としては高層の建築物があって（もちろん天までは届きませんが）、その最上階には神殿が造られていました。バベルという名にはバビロンの意味も含まれていると思われます。

聖書を読み解く 豆知識

古代イスラエル民族の国には、紀元前六世紀、新バビロニアに滅ぼされ、一部の人々が連れだされたという歴史（バビロン捕囚《ほしゅう》といいます）があります。このときの経験が反映されて、聖書ではバビロニアやその都市バビロンに対する憎しみがうかがえます。その例のひとつが、このバベルの塔の物語。バベルすなわちバビロンの町に対する反発があらわれているように思われます。

創世記

族長物語

連帯責任は正義か、それとも悪か

イスラエルの先祖――アブラハムの物語

天地創造からバベルの塔までは、とくにどの民族ということもなく、人類全体の話のようでした。しかし聖書が力を込めて語るのは、むしろ特定の民族、つまり古代イスラエルの民の物語です。聖書の本題はこの族長《ぞくちょう》物語からいよいよはじまるといっていいでしょう。

古代イスラエル民族は、アブラハム、イサク、ヤコブとつながる先祖の系譜を大切にし、自分たちがその子孫であることを誇り、また先祖が共通であることによって自分たちをひとつの民族としてまとめてきました。ここでは、聖書に出てくる族長物語を順に紹介します。

最初はアブラハムです。アブラハムとはイスラエルの先祖である族長の名前です（はじめはアブラムという名前でした）。アブラハムの父は最初カルデア人の住むウルというところにいたのですが、カナンの地を目指して途中のハランまできたところで、そこに住むようになりました。しかし、ウルにいたというのは歴史的信憑性《しんぴょうせい》がないので、アブラハムの本当の故郷はハランだったことになります。

さて、ここからが物語の本筋です。

時に主はアブラムに言われた、「あなたは国を出て、親族に別れ、父の家を離れ、わたしが示す地に行きなさい。……

（創世記／第12章1節）

神にこのように命じられたアブラハムは、妻のサライと甥《おい》のロトを連れてハランを出発します。これがイスラエル民族の長い旅のはじまり（と、信じられています）でした。

●神との契約で国民の父となったアブラハム

アブラハムは神の命にしたがってカナンに移り住みます。カナンとは、いまも民族紛争などで聞く地名ですが、現在のパレスチナのあたりです。彼らは羊や山羊を飼って暮らす牧羊民であったため、あちこち移動しなくてはならず、定住民

アブラハム一家とその周辺の系図

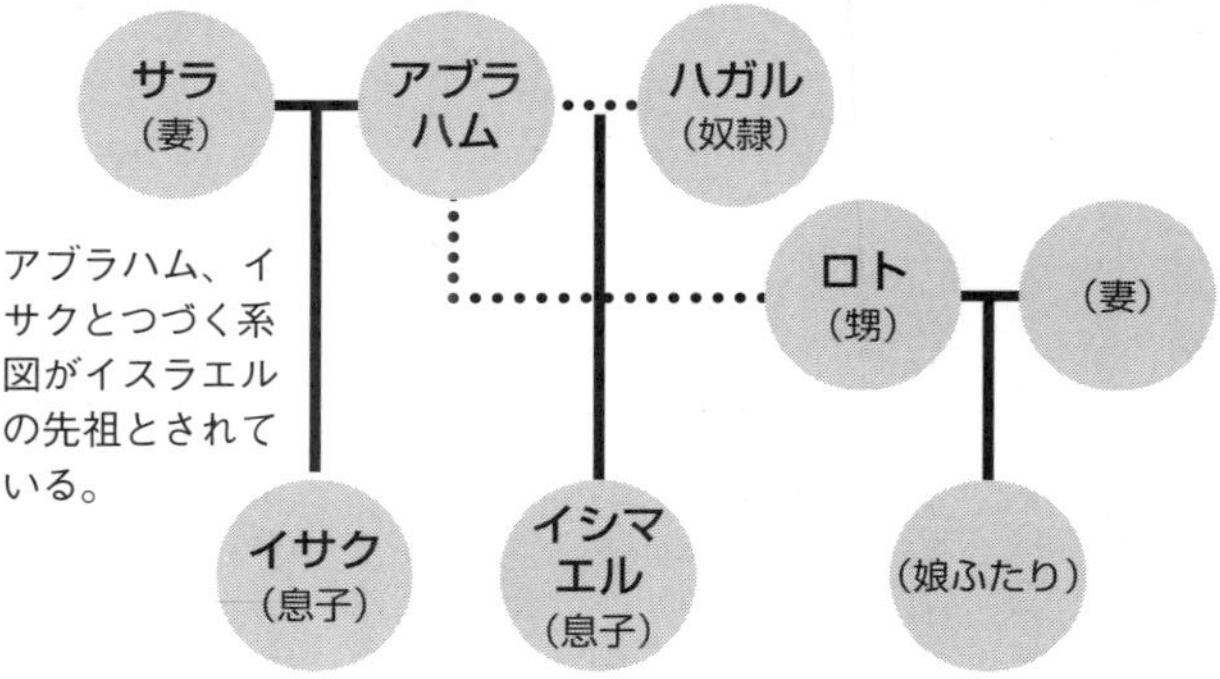

アブラハム、イサクとつづく系図がイスラエルの先祖とされている。

との関係にはつねに苦労しつづけました。

また、妻のサライに子がなかったことも問題でした。そこで彼女は女奴隷のハガルを夫にあてがい、イシマエルという男の子をもうけました。これは現在の道徳基準からするとおかしな話に聞こえるかもしれませんが、古代の社会ではむしろ当然の判断だったと思われます。

しかしこのあと、アブラハムは神と契約を結びます。

「わたしはあなたと契約を結ぶ。あなたは多くの国民の父となるであろう。あなたの名は、もはやアブラムとは言われず、あなたの名はアブラハムと呼ばれるであろう。わたしは

あなたを多くの国民の父とするからである。……

（創世記／第17章4節・5節）

この契約以降、アブラハムと同じく、妻のサライもサラと改名します。そしてサラは子をもうけ、その男の子はイサクと名づけられます。イサクは、このあとアブラハムの物語のなかで重要な役割を果たすことになります。

ところで、神とアブラハムとの契約には、ノアのときと同様、やはりしるしがありました。今度のしるしは生まれてくる男の子に対して割礼《かつれい》（ペニスの包皮を切りとること）をすることです。神はこれをアブラハムに命じます。これ以降、割礼はイスラエルの民であることを示す重要な特徴となり、新約聖書の時代には、キリスト教とユダヤ教を分かつ大きな問題ともなっていきます。

●ソドムの滅亡を食い止めようとするアブラハム

さて、ここでもうひとつ不思議な物語を紹介しましょう。

イサクが生まれる前、神が使い（天使）たちとともにあらわれ、男の子の誕生を予言しました。しかし予言はそれだけではありませんでした。ソドムの町の滅亡という恐ろしい予言も、同時にアブラハムは聞かされていたのです。

それによると、ソドムはゴモラという別の町ともども〝罪が重い町〟であるため、神はこれらの町を滅ぼすことに決めたというのです。ただし、ソドムとゴモラの町の罪が何であるのかまでは書かれていません。のちに性的に乱れていたことについていっているという解釈から、ソドムは男色（ソドミー）の語源にされたりもしましたが、本当は何を指しているのかわかりません。

いずれにせよ、ソドムにはアブラハムがハランを出発したときに一緒だった甥のロトとその家族が住んでいたため、アブラハムは必死に神に意見します。

アブラハムは近寄って言った、「まことにあなたは正しい者を、悪い者と一緒に滅ぼされるのですか。……

（創世記／第18章23節）

つまりアブラハムは、ソドムに住む正しい人々までも一緒に滅ぼされるとしたら、それは正義にもとるのではないかと、神に問いただしたのです。そして、もし正しい人が十人でもいたらソドムを滅ぼさないという約束を、神から取りつけます。しかし、結局はそれもむなしいことでした。

◯滅亡から逃れたロト一家を待ち受けていたものは⁉

一方、イサク誕生の予言のとき神と一緒にいた天使たちは、町の様子を探りにソドムへと向かいました。そこでロトは天使たちのことを心から歓待したのですが、町の人々はそうではありませんでした。それどころか、天使たちを男色の相手として差しだすよう、ロトに迫ることさえしたのです。

これに怒った天使たちは町を滅ぼすことに決め、ロトに避難するよう勧告しました。ロトは躊躇しますが、天使たちはロトとその妻、ふたりの娘の手をとり、無理やり逃がします。ただし、決して後ろを振り向かないようにと忠告しました。

そしてついにソドムの町は、ゴモラの町とともに予言どおり滅ぼされてしまいます。その恐ろしい光景は次のように描かれています。

主は硫黄と火とを主の所すなわち天からソドムとゴモラの上に降らせて、これらの町と、すべての低地と、その町々のすべての住民と、その地にはえている物を、ことごとく滅ぼされた。

（創世記／第19章24節・25節）

ロトとその家族だけは助かったのですが、しかしロトの妻は、天使の忠告を聞かずに後ろを振り返ってしまったので、その場で「塩の柱」にされてしまいました。歴史的な信憑性は皆無ですが、現在も死海のまわりには「塩の柱」と呼ばれるものが残っているそうです。

聖書を読み解く 豆知識

アブラハムが神にとりなそうとした翌朝、彼が再びソドムの町が見えるところにやってくると、遠くのほうに煙があがっているのだけが見えたそうです。こうしてアブラハムは自分の努力が無駄だったことを悟りました。

一方、ロトとその娘たちは生き延びて、ほかに男もいなかったことから父娘で性交して（！）子孫を残したと「創世記」には記されています。

創世記

モリヤの山の試練

「神を信じる」ことの本当の意味

わが子を捧げるほどの忠誠心

あるとき神は、アブラハムの神への信仰がどれほどのものか試すことにしました。そしてアブラハムに、その独り子であるイサクをモリヤの山へ連れていき、燔祭《はんさい》として捧げるようにといいました。燔祭というのは、神に捧げるために焼きつくすことをいいます。完全に焼きつくされて何も残らなくなったとき、それが人の手から神の手へとわたっていったのだと考えられていました。もっとも、この物語の背景となっているのは牧羊民の生活ですから、羊か山羊を焼きつくすのが普通です。しかし神は、羊ではなく独り子をと要求したのです。

アブラハムは、祭壇で火をたくための焚《た》き木をとり、イサクを連れて山に向かって出発しました。何も知らないイサクは、燔祭用の羊はどこにいるのかと無邪気に質問してきます。しかしアブラハムは、心配しなくても、それは神様がきち

息子イサクを生け贄《にえ》として捧げよ、と神に命じられたアブラハムはモリヤの山でその教えにしたがおうとするが……。

んと用意してくださるから、と答えるばかりでした。

果たしてふたりは、モリヤの山の、神の示したところに到着しました。アブラハムはそこに祭壇をしつらえ、焚き木を並べると、イサクを殺そうと刀に手をかけました。するとそのとき神の使いがアブラハムに声をかけたのです。

み使《つかい》が言った、「わらべを手にかけてはならない。また何も彼にしてはならない。あなたの子、あなたのひとり子をさえ、わたしのために惜しまないので、あなたが神を恐れる者であることをわたしは今知った」。

（創世記／第22章12節）

神はアブラハムの信仰があついのを知り、命令を撤回したのでした。すると目の前に一頭の雄羊がいて、イサクの代わりに燔祭として捧げたのです。
それにしても、このときのイサクの気持ちはどうだったのでしょうか。想像するとちょっと恐ろしい気にさせられます。アブラハムは後世、信仰の英雄としてユダヤ教徒やキリスト教徒の模範とされるようになりますが、この物語もイサクの側から見たなら、また違った側面を見せることになるかもしれません。

◎「神を信じる」とは「神にしたがう」こと

「……あなたがこの事をし、あなたの子、あなたのひとり子をも惜しまなかったので、わたしは大いにあなたを祝福し、大いにあなたの子孫をふやして、天の星のように、浜べの砂のようにする。……

（創世記／第22章16節・17節）

イサクが殺されずにすんだあと、神はこういうのですが、アブラハムにしてみればわが子を捧げるというギリギリのところで葛藤しています。このモリヤの山の試練のくだりは、信じることの厳しさを示す例として、よく語られます。

ここで注意しておきたいのは、「神を信じる」ということの意味です。聖書が語る「信じる」とは、神が存在すると考えることではありません。この物語からもわかるとおり、神の言葉を疑わずにそのまま受けいれ、どこまでも神についていくことを指すのです。

この場面でも「神を信じる」とはいっていません。「神を恐れる」とか、「（神の）言葉にしたがった」といっています。そこにつきまとう厳しさは、漠然と「神様っていると思う」などというものとは異なる、信じることの厳しさであり、それを私たちに伝えているように感じられます。

聖書を読み解く 豆知識

うがって考えると、このアブラハムの物語には古代社会における宗教儀式の変遷《へんせん》の過程が反映されているとも考えられます。最初は犠牲として人間を捧げていたのが、やがて動物の犠牲が取って代わるようになった――燔祭するものがイサクから雄羊に代わるという変更は、そうしたことを暗示しているようにも見えます。

エサウとヤコブ

身近なものこそがだまし合う?

創世記

イサクの息子は双子の兄弟

イサクはアブラハムが出発した地であるハランから結婚相手を迎えます。アブラハムの一族はカナンの土地の風習に馴染《なじ》めず、カナンの地から嫁を迎えることを嫌っていたからです。これは、イスラエルの神とこの地域の神々がつねに緊張関係にあったということでもあります。

さて、ハランからやってきたイサクの妻は、リベカという名でした。なかなか子供に恵まれずに苦労しましたが、イサクの祈りを神が聞き届けて、無事に身ごもることができました。その子供は双子の男の子でした。

さきに出たのは赤くて全身毛ごろものようであった。それで名をエサウと名づけた。その後に弟が出た。その手はエサウのかかとをつかんでいた。それで名をヤコブと名づけた。……

エサウは「赤いもの」、ヤコブは「かかと」という言葉とそれぞれ発音が似ていて、ふたりの名は語呂合わせになっているようです。兄のエサウは成長すると、野に出て狩りをするのが得意となりました。一方、弟のヤコブは穏やかな人柄で、住んでいたテントを離れることは多くなかったようです。イサクはエサウの狩ってくる獲物が好きで彼を可愛がりましたが、リベカはヤコブを好みました。

(創世記/第25章25節・26節)

父の祝福を奪い合う兄と弟

年老いたイサクは、エサウを呼んで、得意な狩りで獲物をとってくるようにいいました。死ぬ前にそれを食べてエサウを祝福しようというのです。この祝福には、財産を受け継ぐ権利を譲りわたすという意味も込められていたという説があります。ここから兄弟同士、熾烈《しれつ》な争いがはじまります。

さっそく母リベカが一計を案じます。エサウが獲物をとりに出かけてしまうと、リベカはヤコブに、山羊の子を連れてくるようにいいます。料理は自分がするので、それを父イサクのところに持っていき、エサウのふりをして祝福をもらえばよいというのです。毛深いエサウになりきるために、リベカはエサウの晴れ着をヤコブに着せ、さらに料理に使った山羊の子の皮をヤコブの手と首の滑らかなところにつけさせるという徹底ぶりでした。

父イサクは年老いて目も悪くなっていたのでしょう。ヤコブの手につけられた山羊の毛皮にふれて、すっかりエサウだと思ってしまったのでした。こうしてイサクは、エサウを祝福するつもりでヤコブを祝福してしまいます。そしてこれが、祝福の言葉です。

「……どうか神が、天の露と、地の肥えたところと、多くの穀物と、新しいぶどう酒とをあなたに賜わるように。もろもろの民はあなたに仕え、もろもろの国はあなたに身をかがめる。……あなたをのろう者はのろわれ、あなたを祝福する者は祝福される」。

（創世記／第27章28節・29節）

このあとすぐにエサウは獲物を狩って父のもとへ帰ってきましたが、もうあとの祭りです。怒ったエサウはヤコブを殺そうとしますが、リベカは自分の生まれ故郷ハランに向けて、ヤコブを逃がしてしまいました。

何だか無茶苦茶な話で、リベカの知恵物語といっていえないことはないのかもしれませんが、それにしてもひどすぎます。この物語は、カインとアベル同様、ふたりの兄弟というより二つの民族のことを語っているのでしょう。ヤコブはイスラエルの民の先祖とされ、エサウはイスラエル近郊に住むエドム人という人々の先祖とされています。だとすればこの物語は、イスラエルの優位を示そうとしていたことになります。個人であれ国であれ、身近なものこそが実は共存が難しいということなのかもしれません。

聖書を読み解く 豆知識

アブラハムとイサク、ヤコブと三代にわたって族長物語がつづきますが、族長たちにもそれぞれ個性があります。アブラハムは神の命を聞いて先の見通しもないのに故郷を離れ、わが子を捧げようとしました。こうした生真面目な態度から彼はイスラエルの民の信仰の父として尊敬されてきました。一方、ヤコブはずるがしこいくせに晩年は子供らへの思いの深さを見せるなど、人間味豊かに描かれ、現代に至るまで慕われています。

ヤコブの物語

まっすぐな態度が償いとなる

●部族や民族をまとめるための象徴としての神

エサウとヤコブの物語のつづきです。母リベカの故郷ハランへと逃れる途中、ヤコブは野宿して夢を見ます。

時に彼は夢をみた。一つのはしごが地の上に立っていて、その頂《いただき》は天に達し、神の使《つかい》たちがそれを上り下《くだ》りしているのを見た。

（創世記／第28章12節）

この天上まで届くほどの大きな梯子《はしご》は「ヤコブの梯子」と呼ばれ、よく絵画の主題などにもされている場面です。夢のなかで、気がつくとヤコブの近くには神が立っていて、自分はアブラハムの神であり、イサクの神であると名乗りました。目を覚ましたヤコブは、その場所が神の住まいであると知って恐れ、枕としていた石をその場に立てて柱とし、この神がつねに自分とともにいて守ってくれるというのなら、この神を自分の神にしようと誓います。

こうした場面からは、古代世界には多くの神々がいて、人々がどの神を信じるのかは必ずしも決まっていなかった様子がわかります。現代の宗教と同じで、それぞれの神は、自分の信者を増やそうとして競い合っていたようです。

ただ、現代と違うのは、この競い合いは民族や部族の競い合いという側面が強いことです。自分たちの神を捨ててほかの集団の神につくとしたら、それは自分たちの集団の独立を捨てることと同じでした。あるいは逆に、より強い神につくことで自分たちの集団を強固なものにするということもありました。神とは個人の信仰心のためにあるというより、部族や民族をまとめるためのものでした。

野宿をしたヤコブは夢を見る。梯子のように天国までつづく階段を神の使いが上り下りする様を。

●イスラエルという名のいわれ

さて、ヤコブはこのあと、ハランの地で母リベカの兄（つまり伯父）と会いますが、そこでこの伯父にだまされてこき使われるなど長いあいだ苦労します。伯父との関係はよくなかったものの、その娘たちふたりを妻として、ヤコブはついにカナンの地に帰ってくることができました。そこでエサウと再び出会うことになるのですが、その前に、もうひとつ興味深いできごとが起こります。

故郷カナンへと向かうヤコブとその家族はある夜、ヤボクという川にやってきます。そのころヤコブには、ふたりの正妻とふたりの側女《そばめ》、さらにその四人の女たちから生まれた息子が十一人いました。彼らを向こう岸にわたらせて、ヤコブはひとり残りました。ところが何者かがヤコブに組み打ちを仕掛けてきたのです。どちらからはじめたとは書いてありませんが、この組み打ちは夜が白むまでつづきます。そしてヤコブは次のようにいわれます。

その人は言った、「あなたはもはや名をヤコブと言わず、イスラエルと言いなさい。あなたが神と人とに、力を争って勝ったからです」。

（創世記／第32章28節）

ここでのイスラエルの意味はあまりはっきりしませんが、イスラエルの「エル」は神という意味です。つまり、この何者かこそが神だったということになります。

アブラハム、イサク、ヤコブと族長の物語がつづきましたが、イスラエルの名を与えられたのはヤコブでした。これはイスラエル初期の歴史においてヤコブがとくに重要だったことを示しています。おそらくイスラエルのなかにアブラハムを先祖とする集団とヤコブを先祖とする集団があり、途中で力関係が変わったことから、アブラハムがヤコブよりも古い先祖とされるようになったのでしょう。

聖書を読み解く 豆知識

現代の私たちは、宗教を個人の信仰の問題だと考えます。しかし旧約聖書で目立つのは、宗教を政治の問題として考える態度です。集団同士の争いは、それぞれの集団を率いる神同士の争いと考えられていました。そのなかで特定の神を信じることは、特定の集団に忠誠を誓うことを意味します。古代社会における宗教は、現代とは違う役割をもっていたということなのでしょう。

ヤコブの息子たち

人を怨まないことのすばらしさ

兄弟に妬《ねた》まれて異国へ売られるヨセフ

さて、このあとヤコブは兄のエサウと再会します。兄を欺《あざむ》いた負い目があるヤコブは兄のことをとても恐れ、多くの贈り物を用意していたのですが、エサウはもうヤコブのことを怨《うら》んではいませんでした。しかし弟に欺かれたあと、エサウがいったいどのような生活をしていたのかは、残念ながら記されていません。

ここからのち、物語の中心は、ヤコブからヤコブの息子たちへと移ります。ヤコブの息子は、カナンの地に戻ってきてからもうひとり生まれ、十二人になっていました。この十二人はのちにエジプトに住むことになるのですが、その理由づけが、ここからあとの物語の本筋です。というのも、このあとにイスラエルの人々にとっては最大の事件となる「出《しゅつ》エジプト」というできごとが控えているからです。

さてここから、兄弟のなかで下から二番目だったヨセフが、物語の主役を務めます。彼は父イスラエル（つまりヤコブ）にとくに可愛がられていたので、ほかの兄弟たちから妬まれていました。さらに彼には夢占いの力があり、次のような夢を見たことで兄弟たちを怒らせてしまいます。

ヨセフは彼らに言った、「どうぞわたしが見た夢を聞いてください。わたしたちが畑の中で束《たば》を結《ゆ》わえていたとき、わたしの束が起きて立つと、あなたがたの束がまわりにきて、わたしの束を拝みました」。

（創世記／第37章6節・7節）

これでは兄弟がみなヨセフを拝むといっているように聞こえます。腹を立てた兄弟たちはヨセフの衣服をはぎとり穴に投げ込みました。このあとヨセフは通りかかった人に捕まって、銀二十枚で奴隷としてエジプトに売られてしまいます。この顛末《てんまつ》は兄弟たちも知らず、ヨセフは死んだものと思われました。

エジプトでの成功と兄弟との和解

エジプトに売られたヨセフですが、最初に買われた家で、その家の主人の妻からそっと迫られた（不倫ですね）のを断ったことで怨まれて、牢《ろう》にいれられてしまいます。ところが数年後、夢占いの能力を示したことで獄中からエジプト王の前に引きだされることになります。そしてヨセフは夢から、数年後に飢饉《ききん》がくることを予知します。王はその対策をヨセフに任せたので、ついにヨセフはエジプトの宰相《さいしょう》にまでなりました。これは王の次の位、政治の実権を握る大出世です。そして彼は飢饉がくる前に穀物を貯めておくよう指示することで、見事エジプトを飢饉から救ったのです。

ところがこの飢饉のために、ヨセフは彼を捨てた兄たちと再会することになりました。やはり食糧がなくて困ったヤコブの子らが、エジプトに食糧があると聞き、末の弟だけ残して十人でエジプトまで食糧を買いにきたからです。わざと知らない顔をしていたヨセフは、兄たちに偽りの嫌疑をかけ、末の弟を連れてくるようにいいます。これを聞いて、カナンにいる父ヤコブは驚き悲しみますが、どうしても食糧は必要なので末の弟もエジプトに送りだします。しかしこうして全員揃った兄弟たちの前で、ついにヨセフは自分の正体を明かしたのでした。

ヨセフは声をあげて泣いた。……ヨセフは兄弟たちに言った、「わたしはヨ

セフです。父はまだ生きながらえていますか」。兄弟たちは答えることができなかった。彼らは驚き恐れたからである。

（創世記／第45章2節・3節）

ヨセフは兄たちの仕打ちを怨まず、再会を喜びます。そして次には、エジプト王が、ヨセフの父ということでヤコブのことも招待します。こうしてヤコブの一族はエジプトに移り住み、争いもなく、みんな幸せに暮らしたのでした。

何だか童話みたいなお話ですが、それでも何らかの歴史的事実が反映されているのではないかともいわれています。

聖書を読み解く 豆知識

イスラエル（ヤコブ）の子が十二人なのは、イスラエルが複数の部族の連合体としてできたからだと思われます。十二の部族が契約してひとつの民となったという理解が最初にあって、これを最初から兄弟だったように描くことで結束力を高めようとしたのでしょう。のちの新約聖書でイエスの弟子が十二人とされるのにも、この考えの影響が見られます。

コラム
COLUMN

聖書と写本

印刷術が普及する前は、聖書は手で書き写されていました。これを写本といいます。聖書だけでなく、わが国の『源氏物語』や『古今集《こきんしゅう》』を含め、昔の書物はすべて写本によって後世に受け継がれました。

しかし写本では、どうしても書き間違いができますし、写し手の解釈をまじえた意図的な変更もあります。そのため、本文の確定はなかなかできませんでした。いまでも、もとはどう書いてあったかわからないというところがたくさんあります。

また、かりに言葉が確定できたとしても、なぜそういったのかわからない場合もあります。昔の書物はそれほど多くの人に読まれることを予想していませんし、ましてや二十一世紀の私たちが電車のなかで読むなど、書き手が考えてもいなかったことだからです。

しかも私たちは翻訳を通じて読みますから、ここでも解釈が入ることになります。「聖書にこれこれのことが書いてある」と断言するのは、実は意外と難しいことなのです。

第2章

古代イスラエルの歴史世界

——旧約聖書

イントロダクション

INTRODUCTION

「出《しゅつ》エジプト」で動きだす古代イスラエルの歴史

エジプトにわたっていた古代イスラエルの人々がエジプトを出て、カナン（いまのパレスチナやイスラエルのあたり）に入るところからはじまります。カナンの地でトラブルを起こしながらも自分たちの国を作り、それがやがて王国として強大となっていきますが、内紛によって二つの国に分かれ、そしてどちらもあえなく滅亡してしまうまでを語ります。神話から歴史へという橋わたしの章です。

なかでも重要なのは、指導者モーセに率いられてエジプトから出るところです。このエジプトからの分離によって、イスラエルはイスラエルであることを自覚するようになったからです。その点で、この部分こそが中核だといっていいでしょう。

この章のキーワード

【律法】（りっぽう）

律法は神の教えであり、とくに戒《いまし》めでもあります。厳しい戒めを守ることで神が救ってくれるという交換条件のように誤解されがちですが、神の契約は一方的ですから、そのようなことはありません。神が約束した相手にそのしるしとして与えたのが律法で、約束を与えられたイスラエルの民は、むしろ感謝して律法を守るのです。プレゼントされた服を喜んで着るようなものです。

旧約聖書の主な登場人物（後半）

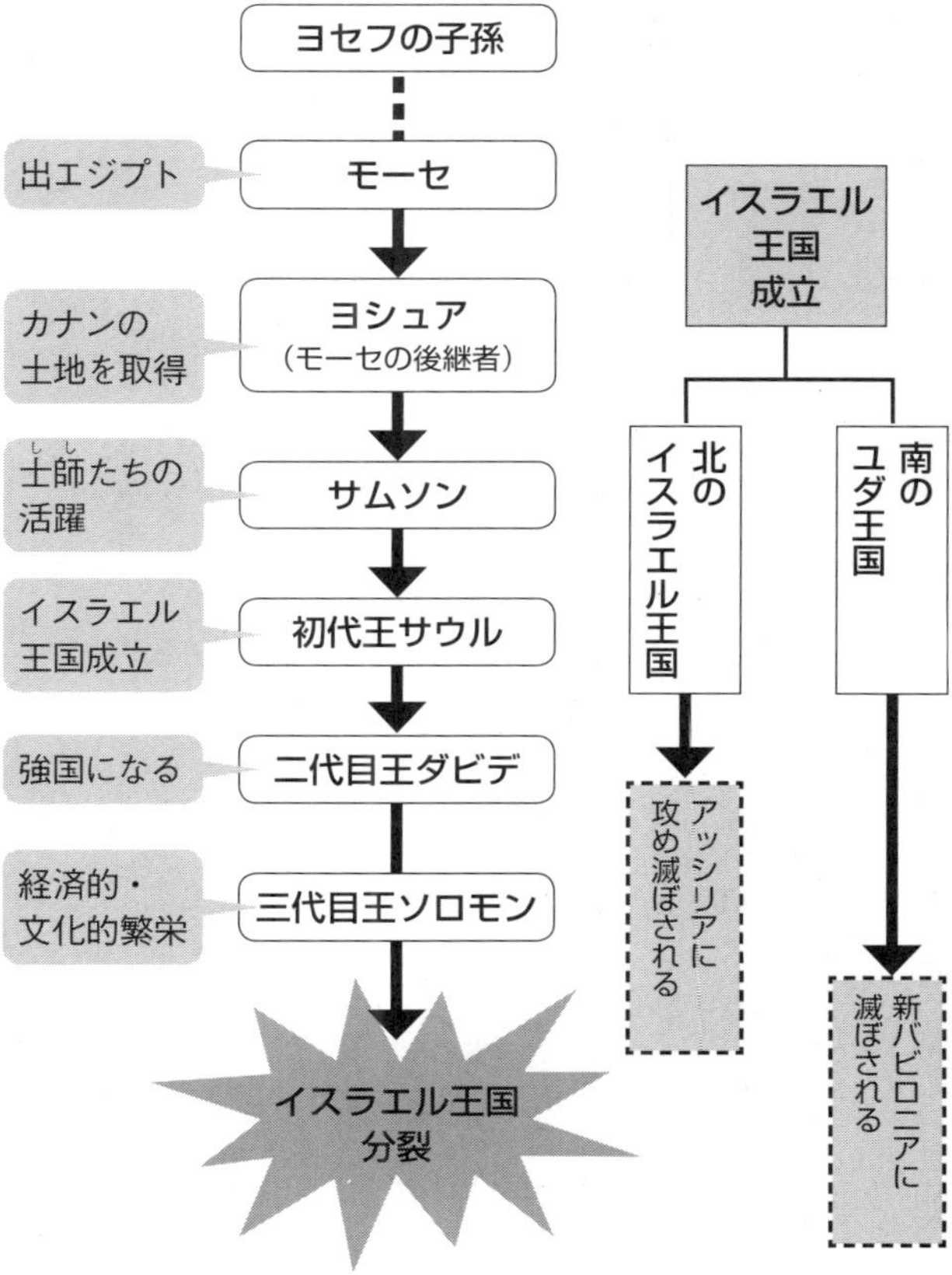
ヨセフの子孫
出エジプト
モーセ
カナンの土地を取得
ヨシュア
（モーセの後継者）
士師《しし》たちの活躍
サムソン
イスラエル王国成立
初代王サウル
強国になる
二代目王ダビデ
経済的・文化的繁栄
三代目王ソロモン
イスラエル王国分裂
イスラエル王国成立
北のイスラエル王国
南のユダ王国
アッシリアに攻め滅ぼされる
新バビロニアに滅ぼされる

モーセの前半生

複雑な運命をたどった指導者

エジプト王を脅かしたイスラエル民族の増加

聖書の物語は「創世記」のあと「出《しゅつ》エジプト記」に入ります。最初に確認しておくべきなのは、ヨセフやその兄弟たちの子孫がその後どうなったかです。彼らはうんと数を増やし、集団として強力になっていきました。その結果、エジプトの地はイスラエル（ヤコブ）の子孫たちで満ちあふれるようになりました。「出エジプト記」によると、彼らはヘブル人（ヘブライ人）とも呼ばれていたようです。

イスラエルに対するエジプト人の恐れは、自分たちの身内に潜んで自分たちを滅ぼすかもしれないものへの恐れです。このような内側の敵は、たしかに外敵より恐ろしいものかもしれません。これを許容すると、エジプトという集団のまとまりが維持できなくなるかもしれないからです。

この時期のエジプト王（パロ）は、もうヨセフのことを知らない新しい世代です。新しい王は、イスラエルの子孫たちを恐れ、彼らを厳重に管理して重い労役を課すことにしました。そしてついには全国民にこんな命令を下します。

そこでパロはそのすべての民に命じて言った、「ヘブルびとに男の子が生れたならば、みなナイル川に投げこめ。しかし女の子はみな生かしておけ」。

（出エジプト記／第1章22節）

要するに、彼らに男の子が生まれたらこれを殺し、女の子だけを生かすようにと命じたのです。女ならばいずれ嫁にいくのでイスラエルという集団意識をいつまでも保持することがなく、その分、安全と考えていたのでしょう。

モーセの誕生物語

さて、この出エジプトの物語、主役となるのはモーセという人物です。彼はエジプト生まれのイスラエルの子孫で、しかも男の子でした。そのため生まれてしばらくは母親によって隠されていましたが、やがて母親も隠しきれなくなり、まだ乳児であったモーセを籠《かご》に入れてナイル川に流します。これをエジプト王の娘が見つけ、育てることにしました。しかも心配して見守っていたモーセの姉が機

エジプト王の非道な命令から逃れるため、モーセは川に流されるが、
それを救ったのはエジプト王の娘だった。

転を利かし、実の母親を乳母として連れてきたので、小さいころはそうとは知らずにモーセは母親に育てられていたことになります。

やがて大きくなると、彼は王の娘の子として宮廷で暮らすようになりました。モーセという名はそこでつけられたことになっています（現在の歴史研究によると、「モーセ」という名は実際にはイスラエル系のものではなく、エジプト系のものであるそうです）。ですからモーセは、本来ならエジプト王に憎まれるイスラエルの子でありながら、エジプトの宮廷で生活を送っていたことになります。

そんなある日、ヘブル人がエジプト人

に酷使されているのを見て、モーセはそのエジプト人を殺してしまいます。そしてこれが王に知られると悟ったモーセはエジプトを出て、アラビアのほうの遊牧民の地へと逃れていきます。そこで遊牧民の祭司の娘たちを助けたことからこの祭司に認められ、その娘のひとりと結婚して、かの地に暮らすことになりました。

このように複雑な生き方をしたモーセは、のちにイスラエルの子孫の指導者となっていきます。しかしそれは彼自身が望んだのではなく、神に選ばれて与えられた、モーセの使命だったのです。

聖書を読み解く 豆知識

イスラエル、ヘブル人、ユダヤ人という呼び方は、現代ではだいたい同じ意味で使われます。しかしもともとは、神と契約した民という宗教的な場面ではイスラエル、エジプトで労役を課せられた下層民を指すときはヘブル人、国が滅びたあとはユダヤ人、というような区別がありました。これは日本人が、ヤマト民族、倭人《わじん》などと呼ばれることがあるのと似たような事情です。

出エジプト記

神との遭遇

予期せぬ出会いが運命を変える

聖なるものとの出会い

エジプトを出て、遊牧民の娘と結婚したモーセは、義理の父のものである羊の群《むれ》を管理する仕事をしていました。そんなある日、羊たちを追って神の山であるホレブにやってきました。モーセはそこで芝が燃えているのを見つけます。やがて神の使いが炎のなかにあらわれました。見ると、芝は燃えているのに、いつまでも燃えつきることがありません。モーセは、それがなぜなのか見に行こうとしました。そのとき、神がモーセの名を呼びかけます。そして芝には近づかないように、さらに履物《はきもの》を脱ぐようにと命じました。そこが聖なる土地だったからです。そして神は次のように名乗りました。

また言われた、「わたしは、あなたの先祖の神、アブラハムの神、イサクの神、ヤコブの神である」。モーセは神を見ることを恐れたので顔を隠した。

（出エジプト記／第3章6節）

これが神とモーセとの出会いでした。

神々の性質のひとつに、「聖《せい》」というものがあります。「聖」とは、ここに見られるように、ほかとは異なる特別さのこと、ほかと一緒にすることができない、厳重に区別されるべきもののことです。普通の人間にとっては、劇薬と同じでふれることができない、ありがたいより恐ろしいものでした。モーセに対する神の語りかけ、そしてそれに対するモーセの態度からは、この「聖」という特徴がはっきり浮かびあがっています。

さて、神はエジプトに住む民の窮状《きゅうじょう》を認め、その叫びを聞き、彼らをエジプト人たちの手から救いだし、エジプトの地から「乳と蜜《みつ》の流れる地」へと導こうとします。「乳と蜜の流れる地」とはカナンのことです。そしてその使いとして、モーセを選んで呼びだしたのでした。

もっとも、神に選ばれたことは、モーセにとってはむしろ迷惑でした。恐ろしい聖なるものに呼びだされ、無理な仕事をさせられようとしているのです。モーセは神の呼びだしを辞退しようとします。しかし神はそれを許しませんでした。

◯モーセを呼びだした神の名は？

モーセとしては、エジプト王のところへつかわされるより前に、まず同胞たちにこの事態を何といって説明すればよいのかわかりません。そこで神に、自分がイスラエルの子孫らのところに行って、神の名を尋ねられたら何と答えればよいのかと尋ねます。すると、神はこのように答えました。

神はモーセに言われた、「わたしは、有って有る者」。また言われた、「イスラエルの人々にこう言いなさい、『「わたしは有る」というかたが、わたしをあなたがたのところへつかわされました』と」。

（出エジプト記／第3章14節）

「有って有る者」「わたしは有る」……何とも不思議な答えです。さらにこのあとで「あなたがたの先祖の神、アブラハムの神、イサクの神、ヤコブの神である主《しゅ》」が自分をつかわしたと答えよ、ともいっています。そして神は、これこそが永遠に自分の名である、と宣言しています。

この「有る」とは、たとえばギリシアの哲学で論じられていた「ある」とは意味が異なるということが、よく指摘されます。哲学でいう「ある」とは、永遠に変わらずに同じであるという意味ですが、この神の名に関係する「有る」とは、羊飼いが羊を守るように「ともに有る」という意味合いが強いようです。

モーセが出会ったこの神は山や森の精のような自然神でも、人が生まれつき守ってもらっている守護神でもありません。いきなり人を呼びだし、関係を求め迫ってくる神です。恋愛において他者と接したときのように、モーセの神は人を覚《かく》醒《せい》させます。これが彼らの宗教に独特な精神性を与え、その後の歴史にも大きな影響を残しました。

聖書を読み解く 豆知識

神の名について、普通は「主」と訳されていますが、実際には固有名もあります。ただ、正確な発音は知られていません。おそらく「ヤハウェ」だろう、と考えられているだけです。はっきりはしませんが、この神は、モーセを呼びだすところではじめて登場したようです。だとすると、アブラハムの神、イサクの神、ヤコブの神とは別人（別神？）だったのかもしれません。

出エジプト記

指導者モーセ

あなたが信じるべきものは?

特別な力は神に選ばれた者のしるし

ホレブの山でモーセははじめ、神に与えられた役目を断ろうとしました。イスラエルの民は神が自分をつかわしたとは信じないだろうから、と。しかし神は、杖《つえ》を蛇《へび》に変えたり、人を自在に皮膚病にしたり治したり、水を血に変えたりできる特別な力をモーセに与えました。これらは、モーセが神から選ばれたものであることのしるしとなるものでした。

しかしモーセはまだぐずぐずしています。自分は口下手だからというのが次の言い分でした。すると神は、言葉を操るのがうまい兄アロンを代弁者とするようにいいます。もうモーセには、断る術《すべ》は残されていませんでした（モーセとアロンが本当の兄弟かどうかはわかりません。もしかしたら同じ部族出身ということをいっているのかもしれません）。

結局モーセは、家族を連れてエジプトへと帰ることにしました。モーセの妻はイスラエルの子孫ではありませんが、その出身である遊牧の民とイスラエルが近しい間柄でしたし、帰る途中でふたりのあいだの子供に妻が割礼《かつれい》を施したこともあってか、モーセが家族を連れて行くことを神が認めることにつながったようです。

それからモーセはイスラエルの長老たちを集め、アロンとふたりで彼らの前に出ました。言葉を語るのはアロンの役目、モーセは民の前で先のしるしを披露しました。こうしてイスラエルの人々は、神が自分たちを救おうとしていることを知ったのです。

モーセとエジプト王との対立

その後、モーセとアロンはエジプトの王のところに行って、イスラエルの民が自分たちの神の祭儀のためといってエジプトを出ることを認めさせるように交渉します。しかし王は、お前たちの神など知らないといって認めようとしません。そこでモーセは、与えられた不思議な力を使ってエジプトに多くの災いを起こします。水が血に変わったり、多くの虫が湧《わ》いて出たり、家畜が死んだり……それでも王はなかなか折れず、ついに最後の災いとして示されたのが、エジプト中の家の初子《ういご》（最初の子）が一夜のうちに死ぬという、恐ろしい予告でした。

この最後の予告の前に、モーセとアロンのふたりは、災いをもたらす神が家の前を「過《す》ぎ越《こ》す」よう、イスラエルの人々に守るべき儀式の規定を教えます。

「その血はあなたがたのおる家々で、あなたがたのために、しるしとなり、わたしはその血を見て、あなたがたの所を過ぎ越すであろう。わたしがエジプトの国を撃つ時、災《わざわい》が臨んで、あなたがたを滅ぼすことはないであろう。

……

（出エジプト記／第12章13節）

「その血」とは雄《おす》の一歳の小羊を殺して得た血のことで、家の入口の柱と鴨居《かもい》に塗ります。するとそれを見た神が、その家には何もしないで過ぎ越すというのです。そしてイスラエルの人々は、その記念にパン種《だね》をいれないで焼いたパンを食べるのです。この儀式は「過越《すぎこし》の祭《まつり》」といって、ユダヤ教徒にとってはいまも重要な祭儀として残されています。

ともかくこのとき、イスラエルの人々は神のお告げを守ってみな無事でしたが、エジプト人の家は、一夜にしてすべての初子が死んでしまう惨劇に見舞われました。さしものエジプト王もここで折れます。イスラエルの民がエジプトに残るほうがエジプトにとって災いである、さっさと出ていくがよい、と。

神の命にしたがうことでモーセは王と対立することになりました。これはモーセの説く宗教が、現代人が考えるような内面的なものではなく、もっと政治的なものだったことを示しています。モーセの神は民を独立へと向かわせます。王がこの神を認めざるをえなくなったとき、イスラエルの独立への気運は現実のものとなりました。

聖書を読み解く 豆知識

ここでは、出エジプトのできごとから「過越の祭」の規定に強調点が移っているようですが、それは、この儀式が出エジプトのできごとを記念するものだからでしょう。素直に解釈すれば、歴史叙述《じょじゅつ》のなかにあとから定められた儀式規定が紛れ込んだということでしょう。あるいは逆に、儀式の規定に合わせて物語が作りだされたのかもしれません。

出エジプト

奴隷の状態に甘んじてはならない

海を二つに割ったモーセの奇跡

かくしてイスラエルの民は堂々とエジプトを出ていくことになりました。その数は壮年男子だけで六十万人と記されています。しかしこの数字はちょっと現実味がありません。実際にこんなことがあったらエジプトの国は滅んでしまっていたかもしれませんが、現実にはエジプトは大いに栄えていたからです。すなわち、小規模な奴隷逃亡くらいならあったかもしれないが、聖書のなかの出《しゅつ》エジプトのように大規模なものはなかっただろう、というのが歴史学者の考えです。

さて、イスラエルの人々はエジプトを出て、紅海（本当はどこの海だかわかりません。現在の紅海では遠すぎるのです）のあたりまできました。しかしそのころエジプト王は、大量の奴隷を失うのが惜しくなり、大軍勢をともなって追ってきていました。それに気がついたイスラエルの人々は恐れて、モーセについてき

エジプトの追っ手が迫るなか、モーセは海をまっぷたつにし、イスラエルの民を引き連れてわたった。

たことを後悔しました。荒野で殺されるよりエジプト人に隷属していたほうがずっとよかった、というのです。しかしここでモーセは力を見せつけます。

モーセが手を海の上にさし伸べたので、主は夜もすがら強い東風をもって海を退かせ、海を陸地とされ、水は分《わか》れた。イスラエルの人々は海の中のかわいた地を行ったが、水は彼らの右と左に、かきとなった。

（出エジプト記／第14章21節・22節）

ここは海が二つに割れて陸地があらわれる、映画などでも知られる場面です。それでもなお追ってくるエジプト軍に対し、モーセは再び海のうえに手をさし伸べます。すると夜明けとともに水はもとに戻り、エジプトの軍勢を飲み込んでしまいました。イスラエルの民は海のなかの乾いた地を通って無事でしたが、エジプトの軍勢は海に飲み込まれ、残った者はひとりもいませんでした。

こうしてモーセの神は、イスラエルの民をエジプトから救いだしたのでした。

◎それでもエジプトを恋しがるイスラエルの民

このあと、勝利を神に感謝する歌が掲げられますが、これはアロンの姉が歌ったことになっています。それにしても、この部分を読むと、モーセの神が戦いの神であった様子がよくわかり、興味深く感じられます。のちのキリスト教では、神の性質が随分と変わっているようです。

モーセ率いるイスラエルの民は、紅海から荒野に出て、今度は水不足、つづいて食糧不足に苦しめられます。そこで人々はやはりモーセに対し不平をいいはじめます。イスラエルの民は、このように何度も何度も後悔してはエジプトを恋しがります。気楽な隷属状態を懐かしむ精神と、独立を求めて荒野を進まんとする精神の葛藤は、このあともずっと聖書の底を流れつづけることになります。そしてモーセの神は、つねに隷従からの解放を指し示し、閉じ込められた幸福に満ち足りる精神を憎みつづけていくのです。

ところで、問題の水と食糧の不足ですが、これも神の恵みによって解決されています。苦い水しかなかったものが甘い水に変わり、食糧のないところでは甘いマナ（このマナの正体はよくわかりません。植物や虫の分泌物ではないかとの説があります。正体は不明ですが、神が与えてくれる奇跡的な恵みの代名詞のように、このマナという語はよく使われます）とウズラが得られたのです。

聖書を読み解く 豆知識

聖書の叙述はイスラエルの民が出エジプトという共通の体験をしたことでひとつの集団となったことを強く示唆《しさ》します。あるいは雑多な出自《しゅつじ》の逃亡奴隷たちが、この経験を経てひとつの民族にまとまっていったのかもしれません。そしてこのできごとを直接経験していない人々でも、自分たちの経験のように受けいれることで、イスラエルの仲間となっていったのかもしれません。

出エジプト記

モーセの十戒

集団を支えた共通の掟とは？

神から民への宣言

このあとモーセたちは、シナイ山（ホレブと同じ山のようですが、どこだかわかりません。現在シナイ山と呼ばれる山が実在しますが、それと同じところかどうかもわかりません）のふもとに着きました。三日後、モーセの指示で人々が待っていると、神が山頂に下ってきました。

三日目の朝となって、かみなりと、いなずまと厚い雲とが、山の上にあり、ラッパの音《ね》が、はなはだ高く響いたので、宿営《しゅくえい》におる民はみな震えた。

（出エジプト記／第19章16節）

雷鳴や稲妻が起こり、ラッパの音が鳴り響くなど、とても迫力のある登場です。そして、モーセひとりを山頂に呼びだします。ここでは、人々が神にみだりに近づいたら死ぬことになるとも書かれており、先に神とモーセの出会いのところでふれた「聖」なるものの恐ろしさを感じさせます。もっとも、この部分はあとに付加された可能性が高いそうです。

さて、モーセひとりが山頂に登り、神から受けたものが、十戒《じっかい》です。これは、エジプトからイスラエルの民を救いだした神がイスラエルの民に対して発した、法というよりも一種の宣言で、ユダヤ教やキリスト教はもとより、広く倫理や道徳の思想に大きな影響を与えつづけているものです。

この十戒は、イスラエルの民の（そして西洋世界全体の）精神を規定する強い力をもちました。「あなたはこれこれだ」と神に断言されてしまった以上、それ以外の精神はまったく認められないことになったからです。

新しい民の根本的規範となる十戒

では、十戒とは具体的にどのようなことをいっているものなのでしょう。聖書のなかで番号が振られているわけではないので数え方はいくつかありますが、ここでは一般的な数え方に則《のっと》って紹介していきましょう。

わたしはあなたの神、主であって、あなたをエジプトの地、奴隷の家から導

き出した者である。

一．あなたはわたしのほかに、なにものをも神としてはならない。

二．あなたは自分のために、刻んだ像を造ってはならない。それにひれ伏してはならない。

三．あなたは、あなたの神、主の名を、みだりに唱えてはならない。

四．安息日を覚えて、これを聖とせよ。

五．あなたの父と母を敬え。

六．あなたは殺してはならない。

七．あなたは姦淫《かんいん》してはならない。

八．あなたは盗んではならない。

九．あなたは隣人について、偽証してはならない。

十．あなたは隣人の家をむさぼってはならない。

（出エジプト記／第20章より抜粋し、一部言葉を変えてまとめています）


自分が何者であるかを示すところから語られていて、これら十戒の規定が、たとえば自然法則のような一般的な規定とは異なることが明らかにされています。

十戒とはあくまで、特定の神との関係においてのみ意味をもつものなのです。

しかしこれは逆に考えると、ほかの神との関係を予想していることでもあります。これは第一戒を見るとわかります。ほかの神に仕えることがあってはならない、あなたを救いだしたのはこの私だからだ、と神は主張しています。つまりほかの神々に心を奪われるなといっているのです。これは、十戒を与えた神がほかの神々を強く意識していたということにほかなりません。このように特定の神との強い絆《きずな》を示す戒《いまし》めが、神の言葉としてモーセに与えられ、そしてモーセを通じ、イスラエルの民全体に授与されることになったのです。

聖書を読み解く 豆知識

古代イスラエルの人々は、対等な人間同士がゼロから関係を築いていくことを、それまでとは異なる「新しい民」となることと理解し、そのために必要な規範を模索していたのでしょう。十戒はそのような苦心を感じさせます。十戒は、古代イスラエルのみならず西洋世界やイスラム圏にとっても、社会形成のために必要な根本的な規範として計り知れない影響を残しました。

金の子牛

契約を破ればとことん追及される

出エジプト記

金の子牛を新しい神に

十戒《じっかい》を受けたモーセは神自らが掟《おきて》と戒《いまし》めを書いたという石板を受けとるため、再び山頂に登ります。ところが長いあいだ下りてきませんでした。モーセの帰りが遅いことにイスラエルの人々は不安になったのでしょうか、別の神に頼ることにしました。これが金の子牛です。

人々は、自分たちを導く神がほしいとアロンに願い出ました。そこで彼は、人々から金の耳輪を集め、鋳物《いもの》の子牛を作りました。人々はこれを見て、これこそが自分たちをエジプトの地から導きだした神であると考え、その前に祭壇を築いて燔祭《はんさい》を捧げます。そして近くで飲食をはじめたり、あるいは踊りまわったりしました。

下りてきたモーセがこの様子を見て執拗なまでに怒った様《さま》は、次のように描か

愚かな人間は神の命にまたも背き、神以外のもの「金の子牛」を祭り立て、その前で踊り、祈った。

れています。

モーセが宿営《しゅくえい》に近づくと、子牛と踊りとを見たので、彼は怒りに燃え、手からかの板を投げうち、これを山のふもとで砕いた。また彼らが造った子牛を取って火に焼き、こなごなに砕き、これを水の上にまいて、イスラエルの人々に飲ませた。

（出エジプト記／第32章19節・20節）

ところで、モーセが砕いた石板ですが、このの ち再び作られます。そしてこの石板に書かれていたもの（先には掟と戒めといいました）は、律法《りっぽう》と呼ばれます。この律法は現在でもユダヤ教徒にとっては守るべき大切な決まりであると同時に、初期のキリスト教がこれの理解をめぐってユダヤ教から分かれていったということもあり、たいへん重要なものです。

●金の子牛が大罪であった理由とは？

さて、金の子牛に話を戻しましょう。いったい何が、それほどまでにいけなかったのでしょうか。ひとつには、神に対する信義違反だということでしょう。イスラエルの民はモーセの神によってエジプトの地から救いだされ、新しい集団として出発できるところまできたのに、その恩を忘れている、というわけです。

しかもこれは過去の恩に対してだけの話ではありません。十戒の第一戒にもあったように、ほかの神々を拒むことが現在の集団を支える原理となっているのですから、もしもほかの神に浮気してしまったら、イスラエルという自分たちのまとまりを否定することにもなってしまいます。これがもっとも恐れられていたことだったのでしょう。

では、ほかの神といったとき、具体的にはどのような神々を指しているのでしょうか。金の子牛への怒りの逸話には、おそらく出《しゅつ》エジプトよりずっとあとのイスラエルの人たちの考えが反映されているようです。その考えとは、カナンの地の宗教への強い反発です。

カナンではバアルという農耕神が崇拝され、そのための祭儀も盛んでした。動物を模した神の作りものやその周囲で飲食して踊るという祭儀形態は、そうした農耕儀礼によく見られるものです。モーセの神に仕えたイスラエルの民は農耕民の宗教性を非常に嫌い、これに反発することを「イスラエルである」ことの条件のひとつとしていたようです。そういえば、アブラハムもカナンの地に住みながら息子の嫁にカナンの娘がくるのを嫌っていましたね。

聖書を読み解く 豆知識

聖書の主題であるイスラエルとは、固定した民族の名であるというより、何かほかのものからの分離によって自分たちを作りあげる過程のことであるといってよいでしょう。そこではつねに人を隷属状態に縛りつけていた、過去の神々が憎まれることになります。そうした神々から身をかわしつづける強《きょう》靭《じん》さを、モーセの神は求めつづけているのです。

新しい指導者ヨシュア

指導者を選ぶということ

モーセの遺志を継ぐ者として

さて、イスラエルの人々はエジプトを脱出したあと、どこへ向かったのでしょうか。そうです。「乳と蜜《みつ》の流れる地」カナンでした。モーセに率いられた民はこうしてカナンへと進んでいったのですが、そこにはすでに人が住んでいました。それでもモーセたちは、ここここそ神が指し示した「約束の地」であるとして強引に攻めいろうとします。しかしそれは容易なことではなく、人々はまたしても尻ごみをして、エジプトにいたほうがよかったといいだすようになりました。

人々のこの態度に神は怒り、その罰としてモーセらはカナンに入れなくなります。モーセはカナンが見えるところにとどまりつつ、カナンを夢見ながら死んでいくことになるのです。こうして見ると、この神の戦闘神としての性格はますます明らかであるように思えます。

さて、モーセはカナンを望みながら死んでいきました。助け手のアロンもすでに没しています。後継者にはモーセの従者からヨシュアが選ばれました。神の命でモーセが選んだことになっていますが、実際に選んだのはどちらでしょうか。もしもモーセでなく神だと解するなら、この人選は興味深いものになります。というのも、前近代社会の民族指導者は世襲が当然だったからです。

世襲によって受け継がれる神のような特別な権威をもつ指導者が、つまりは王です。しかしここでは、新しい指導者は前の指導者の血縁ではありません。するとヨシュアは、どうやって権威を獲得したのでしょう。神の選びの名を借りて、民が選んだのでしょうか。そうすると、現在の選挙制度にも似てくることになるでしょう。

いずれにせよ、このあとイスラエルの民は、ヨシュアの指導のもと、カナンの地に入っていくことになります。

●さすらいの民の宗教的規定——律法《りっぽう》

この律法の書をあなたの口から離すことなく、昼も夜もそれを思い、そのう

ちにしるされていることを、ことごとく守って行わなければならない。そうするならば、あなたの道は栄え、あなたは勝利を得るであろう。

（ヨシュア記／第1章8節）

律法とは、先にも述べたようにイスラエルの民の宗教的規定ですが、出《しゅつ》エジプトの物語中に「過越《すぎこし》の祭《まつり》」の規定が入っていたように、歴史書のようなかたちで提示されるのが、イスラエルの宗教の特徴です。ここでいくつか有名なものを紹介しましょう。

贖罪《しょくざい》の日という日があって、この日に民は自分たちの罪を雄山羊《おやぎ》になすりつけて、荒野に放すことになっていました。荒野に住む魔物アザゼルに引きわたすためです。このアザゼルとは、「聖」なるものの恐ろしい反面だったのではないかと考える人もいます。

この山羊のことを英語では「スケープゴート」といい、現在でも、人々の不満を一身に背負わされた犠牲という意味で使われる言葉となっています。

新約聖書でイエスが（誘惑しようとする悪魔に）語ったものとして知られる「人はパンだけで生きるものではなく、神の口から出るすべての言《ことば》によって生きるものである」という言葉も、もともとは律法の一節でした。

神の言葉というところに抵抗を感じる人もいるかもしれませんが、人は衣食のほかに生きる意味を必要とする生き物であると解釈すると、無神論者でも納得できる言葉ではないでしょうか。

聖書を読み解く 豆知識

律法では祈りの式文も決められています。そのひとつに「わたしの先祖は、さすらいの一アラムびとでありましたが、わずかの人を連れてエジプトへ下って……」という言葉があります。アラムびととは、カナン近くの遊牧民のことです。イスラエルの祖先がアラム人であるということが事実かどうかは諸説ありますが、自分たちは本来さすらいの民だという自己理解は目を引きます。これはのちのキリスト教の「人はこの世の旅人である」という見方につながる思考で、農耕民的世界観との違いがよく指摘されます。

エリコの城壁

立ちはだかる壁をどうやって攻略したか

ヨシュア記

エリコ陥落までの七日間戦争

さて、イスラエルの民は、ヨシュアのもとでカナンに攻め込んでいきました。カナン住民の側ではいい迷惑ですが、聖書はこれを神の導きとして描きだしています。そのなかでもとくに有名なのが、エリコの城壁の場面です。

カナンの民が住むエリコという町は、巨大な城壁に守られていました。ですからイスラエルの民も、なかなか攻め落とすことができません。そこでヨシュアはスパイを放って町の様子を探らせます。そして戦闘計画を立てました。

ヨシュアは神の命にしたがい、武装した人々に日に一度、エリコの城壁の周りをまわらせました。そのなかには雄羊の角のラッパをもった七人の祭司たちもいて、彼らはラッパを吹き鳴らしながら進みました。これを六日くり返したあと、七日目には、七回城壁の周りをまわってラッパを吹き鳴らしました。

そこで民は呼ばわり、祭司たちはラッパを吹き鳴らした。民はラッパの音《ね》を聞くと同時に、みな大声をあげて呼ばわったので、石がきはくずれ落ちた。そこで民はみな、すぐに上って町にはいり、町を攻め取った。

（ヨシュア記／第6章20節）

ここには、民の叫び声を皮切りに、ついに城壁がくずれ落ちた様《さま》が描かれています。こうしてエリコは陥落《かんらく》し、イスラエルのものとなりました。

なお、ヨシュアがスパイを放ったとき、エリコのラハブという遊女が手引きして彼らをかくまったというので、彼女とその一家はのちに仲間として迎えいれられ、イスラエルの一員となったそうです。もっとも、もしエリコの側が勝っていたら、ラハブは間違いなく死罪になっていたでしょう。

カナンをついに征服

その後、勢いづいて図に乗ったイスラエルは、手痛い敗北を喫することもありましたが、おおむね順調にカナンの地を征服していきます。あるときなどは、ヨシュアが祈ると太陽が一日中没さず、そのあいだに敵を攻め滅ぼしたとあります。

これはもちろん神がしたことですが、ヨシュアにも、神に祈りを届かせられる特別な能力があると見られていた、ということでしょう。

このように神が一方的に選んだ指導者に与えられた特別な力のことを、カリスマといいます。これは現在ではかなり俗化されて、単に非常な人気者という程度の意味で使われることが多くなっていますが、もとは神が選び与えた特別な賜物《たまもの》を指す言葉です。モーセのように、ヨシュアにもこのカリスマが与えられていたのでした。

このあとヨシュアは、イスラエルを構成するそれぞれの部族に土地を分配します。その際にはくじが使用されました。ここには、くじの結果を神の意志と見る古代人の考えとともに、人々の力関係だけでものごとが決まらないようにという意図も見てとれます。あるいはそもそも、人間同士の対等な関係を作るという精神が、イスラエル共通の神以外を神としない決意につながったともいえるでしょう。

もっとも、現実のイスラエルは複数の（聖書によれば十二の）部族の連合として成立したと考えられています。ですからイスラエルを十二に分けてその土地を各部族に分配したというより、十二の地域に住んだそれぞれの住民集団が互いの土地の境界線を守る誓約をしたと考えるほうが、おそらく実態に近いでしょう。

こうしてイスラエルの民は土地を得て、カナンの地に定住することになりました。しかし時代ははっきりしません。紀元前一二〇〇年ごろから紀元前一一〇〇年くらいのことではないかといわれています。ただし、彼らが本当に外からやってきたのか、それともカナンにもともと住んでいた人々の一部なのかはわかっていません。しかしもともとの住民だったとしても、古い生活を離れてイスラエルの結成に参加した時点で、新しい生活に移り変わったといえます。

聖書を読み解く 豆知識

現在の考古学では、エリコはイスラエルの成立よりずっと前から廃墟になっていたことがわかっています。どうもこの廃墟を見た、のちのイスラエルの人々が、これを自分たちの先祖が攻め落とす物語に作り変えた、ということのようです。歴史にはつねに、こうしたフィクションがついてまわります。しかし、これもまた、「過去」という遺産と対話するためのひとつの方法であるといえるかもしれません。

士師記

サムソンとデリラ

色香に負けた英雄

●そのときどきに活躍した士師《しし》たち

ヨシュアのあと、イスラエルの民全体の恒久的な指導者となる人は選ばれていません。何か困った事態があるとそのときだけ選出されて、事にあたったようです。それでも彼らもまた、神にカリスマを与えられたものと理解されていました。これらの指導者たちを聖書では士師と呼んでいます。

士師にはいろいろなタイプがあったようで、戦闘の指導者から民事的なもめごとの解決を得意とする者まで、みな士師と呼ばれています。ただ実際には、それぞれ相当に性質の異なるそのときどきの指導者だった、ということのようです。

これは、イスラエルがもともと均質な人々の集まりである統一国家的集団というより、異質な集団同士が盟約を結ぶことによって結成された部族連合であったという事情と深く関わっているのでしょう。モーセやヨシュアのような集団全体に対する強力な指導者が必要なときのほうが例外的なのです。

さて、聖書には多くの士師の活躍が描きだされています。ここでは、士師としては必ずしも主流ではなく、またその描き方がいかにも物語的ですが、しかしその分、説話的なおもしろさのある、サムソンの話を紹介しましょう。

●つねに戦闘モードの士師サムソン

この物語の背景には、ペリシテ人たちの脅威《きょうい》があります。ペリシテ人とは、イスラエル人がカナンに定着しはじめたのに少し遅れて、カナンに入ってきた部族です。

彼らは武器として強力な鉄器を用い、戦闘にすぐれていたといわれています。イスラエルとしては、カナン土着民との争いも解決にほど遠いなか（ヨシュアによる分配のあとも、争いがおさまったわけではありませんでした）恐ろしい新たな敵の出現は頭の痛い問題でした。なお、カナン周辺を指す「パレスチナ」という地名は、この「ペリシテ」からきています。彼らは地中海沿岸の土地を支配し、イスラエルと争っていました。

さて、この物語の主人公であるサムソンは、ペリシテ人との戦闘に活躍します。たいへんな力をもつ勇者でしたが、やることは無茶苦茶で、あるときなどペリシテ人である妻の実家ともめると（私怨ですね）、次のようにいって報復に出ます。

サムソンは彼らに言った、「今度はわたしがペリシテびとに害を加えても、彼らのことでは、わたしに罪がない」。

（士師記／第15章3節）

そして何をしたかというと、三百匹のキツネの尾を二匹ずつつなぎ合わせ、そこに松明《たいまつ》をつけて畑に放ち、ペリシテ人の畑をすっかり焼け野原にしたのです。このときは、サムソンともめた妻と実家が、同胞のペリシテ人たちに殺されてしまいました。するとまたサムソンは怒り、千人のペリシテ人を殴り殺した、と書かれています。

こうして見るとこのサムソンという人は、力は凄《すさ》まじくても（凄まじいからこそ余計、かもしれませんが）あまりお近づきにはなりたくないタイプです。もっとも聖書では、彼の無茶が結果として多くのペリシテ人を倒したのも、すべて神の計画だったように書かれています。物語のこのあとの展開もそう思わせるものですし、またそう読むのが聖書らしい理解というべきなのかもしれません。

怪力サムソンの弱点とは

サムソンという男、異邦の女に惹《ひ》かれるたちなのか、再びペリシテの女と付き合いはじめました。デリラという女です。ペリシテ人たちは、このデリラを使ってサムソンを倒そうと画策します。サムソンの力の秘密をデリラに聞きださせようというのです。そこでデリラはサムソンを問いただしました。

サムソンは三度まで嘘で逃れましたが、嘘がばれるたびにデリラに責めたてられるので、ついに四度目で打ち明けてしまいます。

彼はついにその心をことごとく打ち明けて女に言った、「わたしの頭にはかみそりを当てたことがありません。わたしは生れた時から神にささげられたナジルびとだからです。もし髪をそり落されたなら、わたしの力は去って弱くなり、ほかの人のようになるでしょう」。

（士師記／第16章17節）

サムソンの怪力の秘密は、髪をいじらないことにあったのです。そこでデリラ

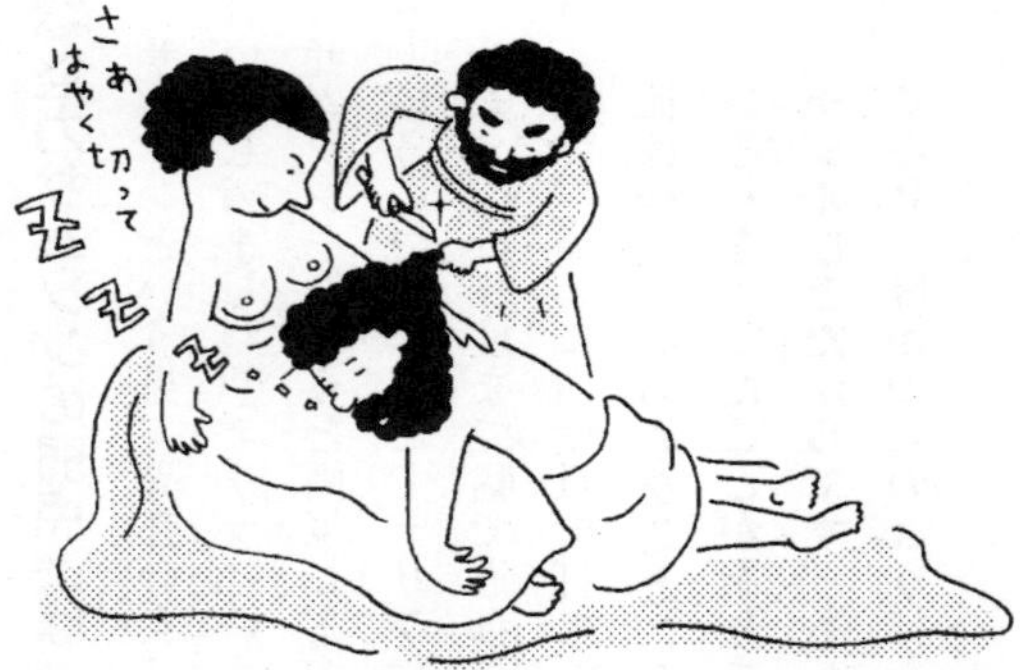

怪力でならしたサムソンも色仕掛けには弱かった。自分の秘密を打ち明け、力をなくし、牢につながれてしまう。

は眠っているサムソンを自分のひざ枕に寝かせ、人を呼んで髪を剃り落とさせました。かくして勇者も、女の色香に負けて、ただの人となってしまったのです。ペリシテ人がくるとサムソンは目を覚ましますが、すでに力をなくした彼はあっさり捕まり、両目をくりぬかれてガザに連れていかれてしまいました。

そこで目の見えないサムソンは重い苦役《くえき》を課せられていましたが、そうするうちにまた髪が生えはじめました。しかしそれを知らないペリシテ人たちは、自分たちの神の前でサムソンを晒《さら》しものにしようと、神殿での宴席に彼を引っ張ってきました。みなに嘲笑《ちょうしょう》されたサムソンは、寄りかからせてほしいといって二本の柱の位置を尋ねると、神に祈って再び怪力を得て、柱に全体重をかけはじめました。
するすると建物を支えていた柱がサムソンによって倒され、ペリシテ人の神殿はがらがらと崩れ落ちました。この日の宴には何千もの人々が集まっていましたが、すべて死にました。もちろんサムソン自身も死にましたが、このときサムソンが殺した人の数は、生きているあいだに殺した敵すべてをしのぐほどだったといいます。

聖書を読み解く 豆知識

カナンの地をすでに収得していたイスラエルですが、この物語からは、ペリシテ人の脅威が深刻だったことや、ガザに多くの民族が集まっていた様子などがうかがえます。このあとイスラエルは、国家として整備されていきますが、それはイスラエルの民のみの国ではありませんでした。他民族を多く含んで成立する、舵取《かじと》りの難しい船となっていったのです。

ルツの物語

いかにして同一の民となるか

姑《しゅうとめ》ナオミと嫁のルツ

「ルツ記」は愛らしい物語で、聖書における休憩どころのように語られます。士《し》師《し》の時代、つまりイスラエルの民がエジプトを出てカナンの地に定着したのち、しかしまだ王国にはなっていなかったころのお話です。

のちのイスラエル王ダビデの出身地となるユダのベツレヘムという町にいたある夫婦が、ふたりの息子とともに、飢饉《ききん》を避けてモアブ人の国へと逃れました。モアブ人というのはカナン近くに住んでいた民のひとつで、イスラエルの民とは普段は敵対的なあいだ柄にある人々です。

一家はそのままそこに住むことになりましたが、夫はやがて死に、妻とふたりの息子が残されました。未亡人となった妻の名はナオミです。

ふたりの息子はそれぞれその地でモアブ人の嫁を迎えました。その嫁のひとりがルツでした。彼らは十年ほどその土地で暮らしましたが、やがてナオミは息子たちにも先立たれてしまいます。

ナオミは故郷のベツレヘムに帰ることにしました。ふたりの嫁も途中まで一緒についてきましたが、ナオミは彼女たちを諭《さと》して自分たちの国へ帰らせようとしました。嫁たちは泣きましたが、ナオミはどうか自分の故郷で幸福になるようにといって説き伏せました。それでようやくひとりの嫁は帰っていったのですが、ルツは帰らず、姑であるナオミにこういいました。

「……**あなたの民はわたしの民、あなたの神はわたしの神です。あなたの死なれる所でわたしも死んで、そのかたわらに葬《ほうむ》られます。もし死に別れでなく、わたしがあなたと別れるならば、主よ、どうぞわたしをいくえにも罰してください**」。

（ルツ記／第１章16節・17節）

ルツの決意が固いのを知り、ナオミもそれ以上は何もいわず、ともに旅をつづけてベツレヘムに着きました。ナオミにとっては久しぶりの帰郷、しかしルツにとっては見知らぬ異郷への移住です。

●ルツの再婚

それからまもなくして、麦の刈りいれの時期となり、ルツは畑に落穂拾いにいくことにしました。その畑はボアズという裕福な男のものでしたが、彼はナオミの亡夫の縁者でもありました。ボアズは事情がわかるとルツにいろいろと配慮してくれました。ルツは感謝して彼の配慮を受けいれ、食事をもらい、落穂もたくさんもらって帰りました。

たくさんの麦を持って帰ったルツを見て、ナオミも驚いたのでしょう。事情を尋ねました。ルツの説明を聞き、ナオミはボアズの祝福も祈りました。

あるときナオミは、ルツに次のようにいうとボアズのもとへ送りだします。

「娘よ、わたしはあなたの落ち着き所を求めて、あなたをしあわせにすべきではないでしょうか。あなたが一緒に働いた女たちの主人ボアズはわたしたちの親戚ではありませんか。……

（ルツ記／第3章1節・2節）

しかし彼はすぐにルツを自分のものとすることはしませんでした。というの

かいがいしく畑仕事にいそしむルツに対し、優しく接するボアズ。ふたりはこのあとめでたく結婚した。

も、ナオミにはもうひとりの縁者がいて、ふたりのうちのどちらがナオミの亡夫の地所を買いとり、ルツを娶《めと》ってナオミの亡夫の家名を継ぐのかということについて、長老たちの意見を聞かなければならなかったからです。

これには当時の社会習慣が背景にあります。それは男が子供を残さず死に、家系が絶えそうになると、近しい縁者の男がその未亡人と再婚し、生まれた男子に家を継がせて家系を残すというものでした。社会習慣といいましたが、これはきちんと律法《りっぽう》にもあって、古代イスラエルの人々にとっては神聖な決まりでした。

話し合いの結果、もうひとりの縁者が

嫌がったこともあり、ボアズは晴れてルツを嫁に迎えました。ほどなくしてルツは男の子を産みました。

こうして無事に一族の血を残すことができて、苦労の多かったナオミの人生も報われました。ナオミにとってルツは、息子にもまさる嫁となったのです。

はい、めでたし、というところですが、要するに困窮している未亡人が親類の羽振りのよい男に買いとってもらって幸せになったという話で、現代の女性には、こういう話を美しく愛らしい物語と受けとることに抵抗を感じる向きも少なくないようです。男の子を産んで家系を絶やさないのが女の役目ということが当然の前提になっているのも、引っかかる人には引っかかるでしょう。

しかし聖書のなかでの、この物語のポイントは、実はそこではないのです。

ルツ記のもつ本当の意味

ここでは舞台がベツレヘムであることが重要になってきます。ルツの産んだこの男の子、実はのちのイスラエル王ダビデの祖父となるのです。そうすると栄光あるイスラエル王ダビデの曽祖母は、イスラエルと敵対していたモアブ人だったことになり、これこそがこの物語の主題だったと思われます。

ダビデが実際に純血でなかったため、それを美しい物語として語って正当化したのかもしれません。ルツは憎むべきモアブ人ではあったけれど、ナオミによく仕える心の美しい女だったからよいのだ、ということです。

そしてこれは、イスラエルの民の民族主義とも関わってきます。ダビデ王よりもさらにのち、イスラエルの子孫であるユダヤ人たちのあいだでは、他民族と結婚しながらもイスラエルの宗教を守り民族の同一性を保持していこうとする国際主義的な考えと、あくまでも異民族との結婚は忌《い》むべきものという純血主義的な考えが起こり、両者は対立していったのです。

聖書を読み解く 豆知識

「ルツ記」の書き手は国際主義の立場でした。イスラエルの同一性とはイスラエルの神に仕えて律法を守る民の同一性で、血の同一性ではないという視点です。純血主義と国際主義の対立は、この後も聖書宗教の重要な課題でありつづけました。そしてそのまま新約聖書の時代にまで至ります。キリスト教の出現は、この問題に対する答えのひとつという一面ももっていました。

サムエル記

サムエルと初代王サウル

特別な人がいると結束は強くなる

十戒《じっかい》に反する王制の導入

古代イスラエルは、士師《しし》の時代のあと、王制に移り変わっていきます。初代の王はサウル、二代目はダビデ、三代目の王はソロモンです。しかし何とかまとめきれたのはこの三代のみで、その後、王国はもろくも分裂してしまいます。

そもそも盟約共同体であるイスラエルに、王は似つかわしくないといえるでしょう。古代世界では、国家の指導者は世襲が普通でした。これは血に特別なものがあると考えられていたからです。王になるべき血筋と支配されるべき血筋があったのです。王になるべき特別な人とは、普通の人でないという意味で神に近い位置づけでした。王は神聖にして侵すべからざるものだったのです。そう考えると、モーセの神以外を神とするなという十戒の言葉は、王制の否定とも読めます。

しかし盟約でできた集団には、弱みもあります。もともとが対等なもの（部族や人）同士の集まりなので、強力なリーダーシップがとれません。国を強くするには王を戴《いただ》いて異論を封じ、一致団結したほうがいいのです。イスラエルがある時点で王制を選んだのも、おそらくはこれが理由でした。

「サムソンとデリラ」の項で話したようなペリシテ人との対抗もありますし、また、自分たちの集団自体を、土着のカナン人も吸収して一定の規模の国家とする必要が出てくると、王なしでまとめることが難しくなりました。そこで十戒に反するおそれは承知で、王という神ならぬ神に導かれることになっていったのでしょう。

サウルの油注ぎの儀式

初代の王サウルは、サムエルという人物に見いだされて王となりました。サムエルは、モーセやヨシュアと同じように神に呼びだされ、その意志を伝える役目を負わされた人でした。のちの時代、こういう人は預言者と呼ばれるようになります。この立場は、血筋で決まった指導者という考えには馴染《なじ》みにくいでしょう。なのにどうして、サウルを王と認めることになったのでしょうか。

この点は残念ながらよくわかりません。実際に、古代イスラエルでは王制に対して賛否両方の立場があって、聖書にはその両方の考えが反映されているように見えるのです。ですからサムエルも、聖書のあるところでは王を求める民に批判的なことをいっていますし、一方でサウルを王とするのに何の躊躇も感じていないかのごとく振る舞ってもいるのです。

何度か述べたように、聖書はひとつの立場から一度に書かれたものではなく、別々に書かれた古代イスラエルの宗教文書を、あとから編集してまとめたものです。ですから多くの考えが含まれていて、そのあいだには矛盾もあります。

さて、イスラエルの一部族の有力者の息子であったサウルは、あるとき父親のロバが逃げたのを捜しにきて、サムエルと出会います。

さてサウルが来る一日前に、主はサムエルの耳に告げて言われた、「あすの今ごろ、あなたの所に、ベニヤミンの地から、ひとりの人をつかわすであろう。あなたはその人に油を注いで、わたしの民イスラエルの君《きみ》としなさい。

……

（サムエル記上／第9章15節・16節）

サウルのことを事前に神から聞かされていたサムエルは、彼を認めて、その頭に油を注ぎます。これは、神に選ばれた特別なものであることを示す儀式でした。のちに救い主が待望されるようになると、これもまた「油注がれた者」と呼ばれるようになります（この言葉が「メシア」で、これをヘブライ語からギリシア語に訳したうえで日本語にしたのが「キリスト」です）。

かくしてサウルは民の特別な指導者となりました。もっともサウルの油注ぎの場面では「王」という語が避けられているようですが、その後、敵対していた移動民への戦勝を経て、改めて彼は王として即位します。こうしてイスラエルは、対等な人間同士の国から王を戴く国へと、確実に変質していくことになります。

聖書を読み解く 豆知識

のちの時代の預言者たちには、この時代に神と直接接していたとされるサムエルのような者たちとはいくつか異なる点があるように思われます。のちの預言者たちのなかには、王のような政治的権威と激しく対立し、そのことで自分を追い詰めていった悲劇的な人物が多く見られます。サムエルの時代には、まだそこまで王と預言者のあいだの緊張関係はなかったようです。

サムエル記

ダビデとゴリアテ

友を信じて守り抜けるか

青年ダビデとゴリアテとの一騎打ち

サウルはしかし即位のあと、サムエルを怒らせてしまいます。移動民との戦いで勝利を得たとき、その捕虜《ほりょ》と戦利品をすべて廃滅せよという神の命を聞かなかったためです。サムエルは、サウル王が捕虜として生かしておいた敵の王を自分で殺すと、サウル王のもとを去って、王とは二度と会いませんでした。

サウルはこうして神に見捨てられ、乱心してしまいました。そこで琴の巧みな人を探し、それにより王の心を慰めることになりました。そこで見つけだされた羊飼いの青年が、次の王に即位することになるダビデです。

神から出る悪霊《あくれい》がサウルに臨む時、ダビデは琴をとり、手でそれをひくと、サウルは気が静まり、良くなって、悪霊は彼を離れた。

（サムエル記上／第16章23節）

ダビデが美しい音色（かどうかまでは書いてありませんが）で琴を奏《かな》でると、サウル王の心が慰められたというのです。彼はベツレヘムという町の人でした。のちに、この地名は新約聖書のなかでも重要な意味をもちます。

ところで、この時期のイスラエルにとって最大の脅威《きょうい》といえば、やはりペリシテ人でした。あるときの戦闘で、ペリシテ人たちのなかから戦いの代表者が進み出てきて、イスラエルに挑戦してきました。つまり一騎打ちです。この男の名はゴリアテといい、怪力を誇る大男で、しかも歴戦の勇者でした。ゴリアテのこの挑戦に、イスラエルの陣営は恐れおののいてしまいました。

そのときイスラエルの側で名乗りをあげたのが、先のダビデでした。相手が歴戦のつわものだということでサウル王はとめたのですが、ダビデは、恐れる態度を見せることなく、ゴリアテに向かっていきました。

ダビデはそれら（鎧《よろい》）を脱ぎすて、手につえをとり、谷間からなめらかな石五個を選びとって自分の持っている羊飼《ひつじかい》の袋に入れ、手に石投げを執《と》って、あのペリシテびとに近づいた。

（サムエル記上／第17章40節）

このときダビデは慣れないからと鎧を脱ぎ捨て、杖《つえ》と石つぶての入った袋と投石器（おそらく遠心力を使って石を投げる道具でしょう）を持っていただけでした。しかも見かけはまだ紅顔の美少年。完全武装していた大男ゴリアテはすっかりあなどってしまいました。

この勝負、どう見てもゴリアテのほうが優勢です。しかし、ダビデは勝ちました！　自分たちの勇者が殺されたのを見てペリシテ人たちは敗走しはじめました。こうして戦闘はイスラエルの大勝となったのです。

●敵対する王の息子ヨナタンとの友情

しかし、サウル王とダビデの関係は、幸福なものではありませんでした。大勝利であるにもかかわらず、人々が自分よりもダビデのほうを英雄だと思っていることに気がつき、サウル王は青年ダビデに嫉妬《しっと》をしはじめるのです。

それに気づいたダビデは、サウルのもとから逃亡することになります。いきさつはこうでした。まず、サウル王は、自分の娘をえさにダビデをおびきだします。自分のところに婿入《むこい》りさせるといって彼を呼びだしたのですが、ダビデの妻とな

ペリシテ軍代表ゴリアテvs.イスラエル軍代表ダビデ。勝利の女神は知恵でまさったダビデに微笑んだ。

ったサウルの娘は、父ではなく夫に味方しました。彼女が逃亡の手引きをしたので、ダビデは無事に逃げのびることができました。

ダビデはサウル王その人には恐れられ憎まれましたが、王の子にはそうではありませんでした。サウルの娘がダビデの味方をしただけでなく、息子のほうも、ダビデとは深く信頼し合うあいだ柄だったのです。王の息子の名はヨナタンといい、彼らふたりの名は、英語の慣用句などでは、いまも無二の親友の代名詞として使われています。

ダビデがサウルの娘の手引きで難を逃れたあと（のように聖書には書かれてい

ますが、前後はどうもはっきりしません）、ダビデはヨナタンに相談し、なぜ自分がサウル王に怨《うら》まれねばならないのかと訴えます。ヨナタンは、父王に真意をただして、それをダビデに教えると約束します。果たして父王の言葉から本気でダビデを殺そうとしていることを知ります。ヨナタンは親友ダビデとの約束を守って彼にこれを伝え、ダビデの逃亡を助けることにしたのでした。

サウル王とヨナタンの最期

ダビデは逃亡のなかで、敵であるペリシテ人のところに身を寄せさえしたのですが、それでもイスラエルの人々の支持は失わなかったようです。逆にサウル王は大勢の家来に囲まれながらも、だんだんと孤立していったようです。

そしてついに、サウル王の最期のときがきました。ペリシテ軍とのあいだで大きな決戦が起こったのです。このときのペリシテ人陣営には、実は最初、ダビデもいました。しかしさすがにというべきか、戦闘からはずされます。戦闘中にイスラエルに寝返るかもしれないと、ペリシテ人たちに疑われたからです。

しかしこの解任は、ダビデにはかえって幸運だったのかもしれません。このおかげでダビデはサウルとも、親友ヨナタンとも、直接戦わずにすんだからです。そしてこのときの戦いで、サウル父子は命を落とすことになりました。あとからふたりの死を知ったダビデは悲しみの歌をもって哀悼《あいとう》しました。

「……わが兄弟ヨナタンよ、あなたのためわたしは悲しむ。あなたはわたしにとって、いとも楽しい者であった。あなたがわたしを愛するのは世の常のようでなく、女の愛にもまさっていた。……

（サムエル記下／第1章26節）

ダビデの哀悼歌は、とくにヨナタンに向けて捧げられていて、友情を歌ったものとして知られています。

聖書を読み解く 豆知識

ダビデはイスラエル民族最大の英雄です。このあとイスラエルの民は、民族の危機に陥るたび、ダビデの再来を待ち望むようになりました。この精神は、現代のイスラエル国にまでつながっているといえます。しかしキリスト教では、このダビデの再来を政治上の英雄から、人類の救い主へと読み替えるようなります。

サムエル記

イスラエル王国の隆盛

どんな英雄にも陰の面がある

ユダとイスラエルの対立

サウル王の死後、イスラエルではサウル王の息子（もちろん、すでに死んでいるヨナタンとは別の息子）を推《お》す人々とダビデを推す人々に分かれて内戦がつづきましたが、結局ダビデ側が勝ちました。サウル王の王子を推していた人々も、最後にはダビデの王権を（しぶしぶかもしれませんが）認めました。

これは紀元前一〇〇〇年より少し前のことで、このあたりから、聖書の語るところも確実に現実の歴史と接点をもつようになってきます。

イスラエル王国はかくしてダビデのもとに統一され、その支配領域も史上最大となるなど、隆盛を極めることとなりました。イスラエルの人たちは、のちにユダヤ人と呼ばれるようになってからも、ダビデの時代を栄光の時代として懐かしみ、強国に振りまわされて苦境に陥るたびにダビデの再来を願うようになります。

それはこの時代のイスラエルの栄光があまりにもすばらしいものだったから……とされています。

しかし実態はもう少し複雑なようです。イスラエルは十二部族の連合体と理解されてきました。しかしこの十二という数がどこまで事実かわからないうえに、個々の部族間にも力関係があって、早くに他部族に吸収されて消滅してしまったところもあれば、強い影響力をもつようになったところもありました。その強くなったところとして代表的なのが、イスラエル南部のユダという地域集団です。

さて、このユダがどのくらい強くなったかというと、サウルの死後、南部のユダ対イスラエルの残り全部という対立関係が十分成り立ったくらいです。誰を次の王に推すかという問題では、ダビデ派がユダ、サウルの息子派がイスラエルの残り全部でした。これにはダビデとサウルそれぞれの出身地が南と北だったという事情もあるでしょう。イスラエルはこうして南北に分かれ、内戦となったのです。そして勝利はユダの側に輝きました。イスラエルの中心はユダとなり、さらにのちにはユダ王国として完全に独立します。

現在、イスラエルの人々をユダヤ人というのは、ユダ王国の人々だったからです。ユダはもともとイスラエルをかたち作る一部でしたが、のちの時代、残りの人々がみな分裂してしまったので、イスラエル人やヘブル人というのと、ほぼ同じ意味になりました。一方、イスラエルという地名は、この時期以降、ユダを含む全イスラエルを指す場合と、ユダを除いた北部地域を指す場合があるので、注意が必要です。

●ダビデ王の即位とイスラエルの統一

内戦のなか、ダビデの即位ということに関しても、事情は複雑でした。ダビデはまずユダの王に即位して油を注がれました。このユダとイスラエル(もちろん、この場合はユダを除く北側のイスラエル)が争っていくわけですが、事態はイスラエル(先に同じ)に不利に進み、結果、イスラエル(またまた先に同じ)の指導者たちも、ダビデをイスラエル(この場合は、ユダも含めたイスラエルという意味!)の王と認めてダビデの支配に服する契約を交わし、改めてダビデの頭に油を注ぐ儀式を行うことになったのでした。

イスラエルのすべての部族はヘブロンにいるダビデのもとにきて言った、

「われわれは、あなたの骨肉です……」。このようにイスラエルの長老たちが皆、ヘブロンにいる王のもとにきたので、ダビデ王はヘブロンで主の前に彼らと契約を結んだ。そして彼らはダビデに油を注いでイスラエルの王とした。

（サムエル記下／第5章1節～3節）

しかしこうなると、これは純然たる統一国家というより、むしろ二つの国が同じ王を戴く同君連合《どうくんれんごう》に近いことになります。イスラエルとユダは、必ずしもひとつの国にまとまっていたわけではなかったのです。ダビデの王権には、最初からこのような弱点がありました。ダビデはあくまでユダの王で、イスラエルとしてはこれを仕方なく王にたてまつっているだけ、ということだったのです。

もっとも、この点に関してダビデの政策は、すぐれたものでした。ダビデが全イスラエルの救い主のように語られるのも理由のないことではありません。たとえば彼は途中から王都をエルサレムに定めます。エルサレムは南北の中間地点に位置するうえ、それまでカナン人の町でしたから十二部族のどこにも偏《かたよ》らないという利点がありました。

このように、彼は南北の宥和《ゆうわ》を心がけていたのです。

○美女バテシバとの不倫の果て

そんな複雑な状況下で、ダビデは神の怒りを買ってしまいます。その理由のひとつが美女バテシバをめぐる事件です。

あるとき王宮を散策していたダビデは、身体を洗っている女を見つけました。これがバテシバです。彼女はウリヤという男の妻でした。ウリヤはイスラエルの出身ではなく、ダビデが雇った傭兵《ようへい》のひとりだったようです。ダビデはバテシバのことが気にいり、呼びにやってさっさと関係を結んでしまいます。その結果バテシバは子をはらみました。夫ウリヤはそのとき戦場に行っていたので、バテシバは夫がたいへんなときに浮気をしたことになりますし、その主導権を握ったのはダビデでした。

これだけでもひどい話ですが、ダビデはさらにこれをごまかそうとウリヤを呼び戻して、バテシバと寝るように仕向けます。そうしてしまえば、生まれる子をウリヤのものにできるからです。

しかし戦闘中の禁忌《きんき》を守るウリヤがこの誘いになびかなかったので、ダビデは彼を戦闘の激しい最前線に送って殺してしまいました。バテシバは夫の死を知って悲しみましたが、喪《も》が明けるとダビデに迎えいれられ、晴れて（かどうかわかりませんが）ダビデの妃《きさき》となりました。

本当にひどい話です。このいきさつは神を怒らせるものでしたが、現代人の感覚からいっても、それは当たり前だという気がします。

ダビデはこのあと、ナタンという預言者（と書かれていますが、ヨシュアなどとは様子が異なり、祭司のような王宮つきの職業宗教家のようです）に諭《さと》され、罪を告白して反省します。

ダビデは言った、「子の生きている間に、わたしが断食して泣いたのは、『主がわたしをあわれんで、この子を生かしてくださるかも知れない』と思ったからです。しかし今は（子が）**死んだので、わたしはどうして断食しなければならないでしょうか。……**

（サムエル記下／第12章22節・23節）

しかしこういう態度では、あまり本気で反省しているとはいえないのではないか、という指摘もあります。

ダビデというと、ヨナタンとの友情やゴリアテを相手に発揮した勇者のような明るい側面、イスラエルを隆盛に導いた偉大な王という輝かしい側面ばかりが多く語られます。しかしその生涯の裏側には、このようにかなり陰鬱《いんうつ》な場面もあったのです。

そしてそれは、この王家のこれからを暗示しているようでもありました。

聖書を読み解く 豆知識

ユダとイスラエルの関係について補足しておきます。たとえば私たちが普通「イギリス」と呼ぶ国は、もともとイングランドとスコットランドという別々の国の連合体でした（現在はひとつの国家となっています。また、ウェールズなどは少し事情が異なります）。このように、別々の国が同じ君主を戴くことでひとつの国のような体裁をとることを同君連合と呼びますが、ユダとイスラエルのあいだ柄も、統一国家というより、この同君連合に近いように思えます。

ソロモンの栄華

知恵は強力な武器となる

列王紀

その後もつづく王家の悲劇

ダビデの王家には、バテシバ事件のあとも、暗いできごとがつづきました。これは王家の宿命なのかもしれませんが、王位継承をめぐって長い闘争がつづいたのです。それは王の子供たちや家来たちがそれぞれの立場同士で相手を出しぬき、殺そうとする凄惨《せいさん》なもので、それぞれの者を推《お》す立場同士の確執《かくしつ》から、再びユダとイスラエルの結びつきは失われて内乱になりました。ダビデ自身も一度はエルサレムから逃れなくてはならなかったほどでした。飢饉《ききん》や疫病《えきびょう》にも襲われました。

それでもダビデの治世は長くつづき、四十年にもわたるものだったといいます。即位が紀元前一〇〇〇年より少し前ですから、没したのは紀元前九六五年ごろということになります。

次の王となったのが、ダビデの息子ソロモンです。ソロモンはバテシバとの子

（不倫の子とは別のそのあとの子）でした。バテシバは、先の事件のときには聖書に台詞がなく、何を考えていたのかわかりませんが、王位継承をめぐっては、ほかの女が生んだ子供を押しのけてわが子を王にするため、預言者ナタンと組んで積極的に働きかけます。そしてダビデから、次の王はソロモンであるとの言質《げんち》をとることに成功したのです。

王は彼らに言った、「あなたがたの主君の家来たちを連れ、わが子ソロモンをわたしの騾馬《らば》に乗せ、彼を導いて……預言者ナタンは彼に油を注いでイスラエルの王としなさい。そしてラッパを吹いて、『ソロモン王万歳』と言いなさい。……

（列王紀上／第1章33節・34節）

その後、ダビデが死んでソロモンが無事に即位すると、彼は王位継承をめぐりライバルであった者（つまり異母兄弟）は殺し、ライバルを推していた者を追放しました。わが国の歴史でも、負けた源氏の生き残りを許したばかりに平家はのちに報復されてしまったという事例がありますが、敵の一派は徹底して壊滅させるべしというのが、古代世界における治者《ちしゃ》たちのルールだったのでしょう。

古代イスラエル・王制の遍歴

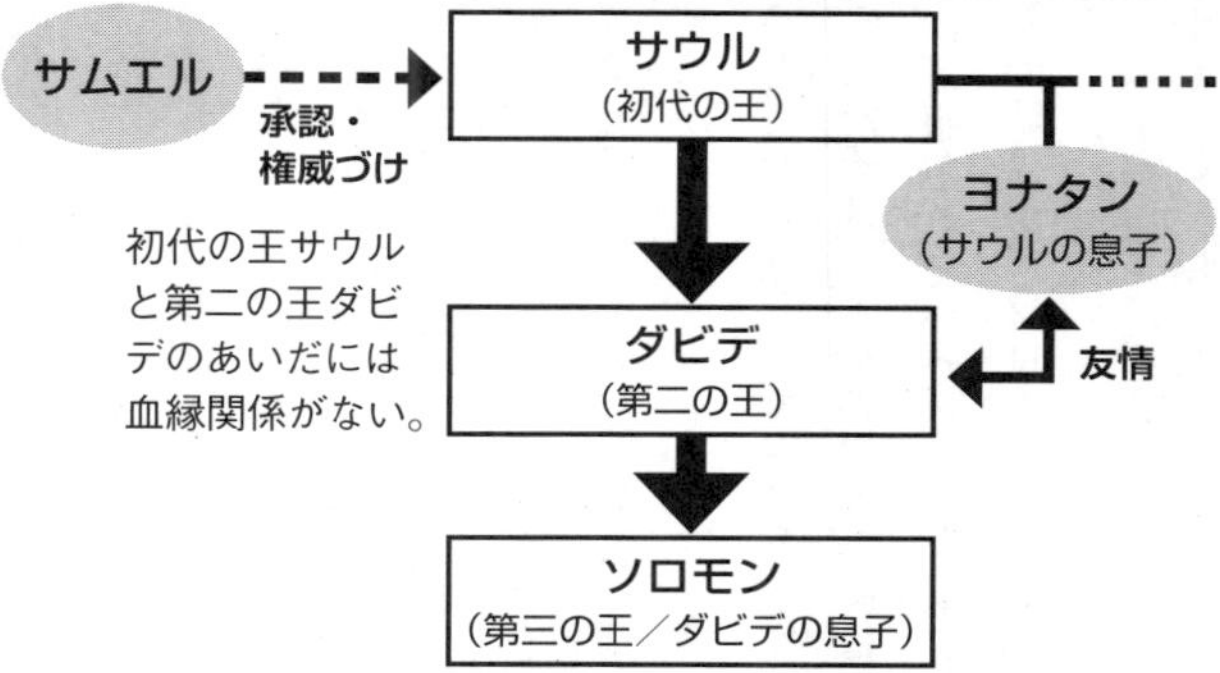

ソロモンの栄華

さて、ソロモン王の時代は栄華を極めた時代として記憶されています。父王ダビデは敵を打ち倒し、国を強くした英雄でしたが、ソロモンは知者として名をはせ、また金銀財宝で贅沢を極めるその華やかさで知られます。ダビデが遷都《せんと》したエルサレムに豪華な神殿を建立《こんりゅう》したのも彼でした。これはソロモンの神殿として長く語り継がれ、その再建は新約聖書時代から現代に至るまで、ダビデの再来とはいささか違う意味で、ユダヤの人たちの永遠の夢となっています。

この時代のイスラエルは、経済のみな

らず文化的にも繁栄した時代でした。旧約聖書のもとになった最初の文書が書かれはじめたのも、このころと推測されています。ダビデ時代とは異なり周辺の軍事的脅威もあまりなかったからできたことかもしれませんが、ソロモン王は周辺の交通路を支配し、関税によって多大な収益をあげていたようです。貿易を通じた国際交流も盛んで、ソロモン王自身、エジプト王の娘を妃《きさき》のひとりに迎えています。

これは、かつてイスラエルがエジプトからの脱出を自己理解の柱としていたことから考えると、ちょっと驚くべきことです。大人の態度というべきなのかもしれませんが……。

こうして目ざましい繁栄を見せていた一方、ソロモン王によって労働と重税を課せられたイスラエルの民の不満は日に日にたまっていったようでした。イスラエルに征服されていたカナン人たちの不満は、おそらくそれ以上だったでしょう。その結果が、ソロモン王の死後、たちどころに起こったイスラエルの分裂でした。

しかしここでは、まずソロモンの華やかさのほうを見ることにしましょう。

あわやまっぷたつにされる乳飲み子!? ソロモン王は見事な裁きで本当の母親を見つけだした。

ソロモンの知恵

ふたりの遊女が、子供をめぐって訴え出ました。どちらもこれは自分の子だといって譲りません。そこでソロモンは刀を持ってこさせて、子供を二つに切り分けるようにいいました。ひとりの女は驚いて、子供は相手のものにしてやってください、お願いですから殺さないでください、といいました。もうひとりの女は、子供を公平に二つに切り分けてくださいといいました。ソロモンははじめの女が本当の母親だと見抜き、その女に子供を与えるようにいいました。

イスラエルは皆王《みなおう》が与えた判決を聞

いて王を恐れた。神の知恵が彼のうちにあって、さばきをするのを見たからである。

（列王紀上／第3章28節）

「神の知恵」というほど大げさなものではないような気もしますが、ちょっと微笑ましく感じられる知恵話です。もちろん作り話に決まっていますが、同種の話は多くの地域に伝えられています。

そしてもうひとつ、シバの女王の話も有名です。シバという国（いまのイエメンあたりにあった国ではないかといわれています）の女王が、ソロモンの知恵の噂《うわさ》を聞いて、難問によって彼を試そうとやってきました。女王は知るかぎりの謎をだしましたが、ソロモンはそのすべてに答えます（具体的にどんな難問だったのかは、残念ながら書かれていません）。女王はソロモンの知恵、宮殿の豪華さや側近《そっきん》たちの様子、その服装や食べ物の豊かさに驚き、聞いていた噂以上であったといいました。そして多くの宝石や香料をソロモンへの贈り物として置いていきました。ソロモンの側でもさまざまな贈り物のほかに、女王が望むものを何でも与えて故郷のシバに帰したそうです。

謎の内容が書かれていないので知恵話としては中途半端ですが、ソロモンの栄華を語る逸話になっています。そのまま史実とはいえないでしょうが、何らかの事実を反映しているのかもしれません。もっとも知恵話よりも贈り物の話のほうが主題のようで、もともとは古代の貿易に関係するエピソードだったのでしょう。

ソロモンの治世もダビデと同じくらい長くつづき、紀元前九二六年ごろに没したとされています。政治的、軍事的にイスラエルが最大最強となったダビデの時代、経済的、文化的に華やかだったソロモンの時代が、古代イスラエルの栄光の時代でした。そしてそのソロモンの死は、イスラエル王国の終焉《しゅうえん》でした。

聖書を読み解く 豆知識

このソロモン時代の栄華、実はちょっと疑わしいところもあるのです。ソロモン時代の栄華に関しては周りの国の記録がないようで、もっぱらイスラエル側からの自己申告です。本当は田舎《いなか》の小国の羽振りがちょっとよかった程度の繁栄を、聖書がうんと大げさに伝えているのではないかと思われる節《ふし》があります。

イスラエル王国の分裂

北と南、それぞれの運命

北のイスラエルと南のユダに分裂

初代王サウルの死後にもすでに問題があきらかになっていたとおり、イスラエル王国はソロモン王の死後、北のイスラエルと南のユダという二つの国に完全に分かれてしまいます。古代イスラエルの繁栄はこうして失われました。

そして北のイスラエルと南のユダは、それぞれ別の王を擁《よう》した、独立した王国になりました。

レハベアムとヤラベアムの間には一生の間、戦争があった。

(列王紀上／第15章6節)

レハベアムはユダ側、ヤラベアムはイスラエル側の王の名前です。ともに同じ神の民であるという同一性が忘れられたわけではありませんが、それでも彼らは別の国としての歴史をたどっていくことになります。

ダビデがユダの側から出ていたからか、ユダのほうではダビデの血筋から王が出つづけました。しかしイスラエルの側では、サウルの血筋が絶えていたこともあってか始終王朝が入れ替わり、安定しませんでした。また、首都となる都についても、ユダのほうではずっとエルサレムでしたが、イスラエルのほうではしばしば変わり、最後にやっとサマリヤに落ち着きました。

ユダの王アサの第三十一年にオムリはイスラエルの王となって十二年世を治めた。……彼は銀二タラントでセメルからサマリヤの山を買い、その上に町を建て、その建てた町の名をその山の持ち主であったセメルの名に従ってサマリヤと呼んだ。

（列王紀上／第16章23節・24節）

ちなみに、このサマリヤという地名は、新約聖書のなかのたとえ話にも出てきます。

北のイスラエル王国とアッシリアの征服

しかし南北両王国の並立時代は、そう長くはつづきませんでした。このころになると、周辺国の政治情勢、軍事情勢も変わってきたからです。

まずは、北のイスラエル王国のほうを見てみましょう。こちらは、このころ力をつけてきていたアッシリアに征服されます。紀元前七二二年ごろ、南北分裂から約二百年後のことでした。

アッシリアはイスラエル王国を征服すると、人々をほかの地域に連れだしたり、逆にほかの地域から多くの住民を移住させてくるなりして、イスラエル住民との混交を図りました。

その結果、イスラエルの人々は民族としてのまとまりを失うことになり、新しい民族へと溶解していきました。これがサマリヤ人です。イスラエルはこうして滅ぼされたのです。

一般に、民族が滅びるとはこういうことです。ある民族の人々がすべて死に絶えてしまうわけでも、まるでミステリーのように忽然《こつぜん》と消えてしまうわけでもなく、ほかの民族と混ざり溶けていくことで集団としての輪郭《りんかく》を失い、他方の集団に埋没することをいうのです。

北のイスラエル王国は、こうして歴史から姿を消してしまいました。

南のユダ王国とバビロン捕囚《ほしゅう》

もう一方のユダ王国は、紀元前五八七年（もしくは紀元前五八六年）、アッシリアに代わって中東オリエント世界の覇者となっていた新バビロニアに攻め滅ぼされました。

さらに彼（バビロンの王ネブカデネザル）**はエホヤキン**（ユダ王）**をバビロンに捕えて行き、また王の母、王の妻たち、および侍従《じじゅう》と国のうちのおもな人々をも、エルサレムからバビロンへ捕えて行った。**

（列王紀下／第24章15節）

彼らはユダ王国の人々をバビロンに無理やり連れていきました。これが、いわゆるバビロン捕囚です。しかし捕囚といっても、バビロンの地では比較的自由があったようで、ある程度の自治まで許されていたそうです。もちろん完全な自由民には遠かったでしょうが、民族が分裂することはありませんでした。しかも全員がバビロンに連れていかれたのではありません。ユダ王国のあったところには、多くの敗戦国民がそのまま残されました。

この五十年ほどのち、新バビロニアは新興のペルシア帝国に滅ぼされ、ユダ王国の人々は帰国を許されます。しかし、ある程度自由なバビロンでの生活が五十年もつづいていたので、もう帰国するよりそのままの生活を送ったほうがよいと考える人々も多くいました。そこで、もとユダ王国の人々は、本国で王国の復興を目指すグループと、外地生活に適応したグループに分かれていくことになります。

それでもユダ王国のほうが、イスラエル王国より百三十年ほど長持ちしたことになります。もっとも、単に長さだけでなく、その後の両国住民の運命もかなり違ったものとなりました。これは、イスラエル王国を滅ぼしたアッシリアが、国家だけではなく民族を解体するほど徹底したものだったのに対し、ユダ王国を滅ぼした新バビロニアのほうはそこまでのことはしなかったことも一因でしょう。両者の占領政策の違いが、滅ぼされた両国住民の歴史のうえに、大きな影を落とすことになりました。

ユダヤ人のアイデンティティ

ユダ王国の民は、国が亡びたあとも同じひとつの民族であるという同一性を失うことはありませんでした。そしてそれは現在にまで至っています。

よく、ユダヤ人ほど歴史のなかで踏みにじられ、つらい目に遭いつづけてきた民族はないといわれますが、これは正しくありません。歴史のなかで踏みにじられてきた民族などいくらでもあります。ただ、そうした民族の多くは「自分たち」という輪郭を失い過去の悲惨な記憶を語れないのに対し、ユダヤ民族はいまでも、自分たちはつらい目に遭ってきたと語れるだけの民族的な同一性を備えつづけているということです。そしてそのことのほうが、よほど特筆に価することなのです。

聖書を読み解く 豆知識

ユダヤの民は、捕囚から解放されたあと、自分たちの保持してきた教えを書物のかたちにまとめ、また、再建されたエルサレム神殿に集うことで、自分たちの宗教性を整備するよう努めはじめました。

このようにしだした時期以降の彼らの宗教をユダヤ教といいます。そしてその教えを書物のかたちにまとめたものが、聖書なのです。

苦しむことに意味を与えた預言者――イザヤ書

●三人の預言者による書

イザヤという預言者がいました。預言者とは、神から呼びだされて、神の言葉を人々に伝えた人のことをいいます。

このイザヤの言葉を集めたのが「イザヤ書」です――ということになっていますが、実際には、三人の預言者が関わっていることがわかっています。最初の人がイザヤであるというほか、あとの二人の名前がわからないので、それぞれ第二イザヤ、第三イザヤと呼ばれます。

ここでは、第二イザヤについて見ていきましょう。彼はペルシアによって新バビロニアが倒され、元ユダ王国の人々が捕囚《ほしゅう》から帰還を許されたころの人でした。自身も捕囚に遭っていたものと考えられています。そこで神を信じる自分たちがこんな目に遭うのはなぜなのか、と考えはじめます。そして、救いを政治的な解放とは別のかたちで理解していきます。

ここで、苦難が意味づけられていくことになります。それをよく示すのが、彼の言葉のうち、「しもべの歌」と呼ばれているところです。しもべとは、神のしもべのことです。しもべに人々の罪を代わりに背負わせることで人々は癒《いや》された、と第二イザヤは理解しました。

イザヤ書は、実は3人の言葉が入っているものとわかっている。

●しもべとは誰だ!?

では、このしもべとは具体的に誰のことを指しているのでしょう。「イザヤ書」のなかではとくに示されていないため、いろいろな解釈をされてきました。

第二イザヤ自身がどう考えていたのかはわかりませんが、のちのキリスト教では、しもべをイエスのことだと解釈しています。イエスが十字架で殺されたことが、人々の罪を代わりに背負った贖罪《しょくざい》だと理解されたのです。ダビデのような栄光に満ちた軍事的勝利者ではなく、人々に蔑《さげす》まれて苦しみながら死んだイエスこそが人々を救うというキリスト教の理解は、この第二イザヤの考えと深いつながりがあるものだといえます。

歴史を否定する虚無的な書？——伝道《でんどう》の書

●仏教思想に近い考え

伝統的な訳語が正確でないという指摘もあって、最近は「コーヘレト」と呼ばれることが多くなりましたが、この「伝道の書」は旧約聖書のなかでも風変わりな書です。この世のむなしさを訴える、虚無《きょむ》的とも見える考えが展開されます。

伝道者は言う、
空《くう》の空、空の空、いっさいは空である。
日の下で人が労するすべての労苦は、
その身になんの益があるか。
世は去り、世はきたる。
しかし地は永遠に変らない。
（伝道の書／第1章2～4節）

「空の空」とは、空っぽでむなしいということでしょう。書き手が、この言葉にむなしい以外のどのような考えを込めたのかはわかりませんが、仏教の「空」や「無」という考えに馴染《なじ》んでいるわが国では、仏教思想に近いものとして理解されることもあります。

●個人の人生を語る書

それにしてもこの書からは、聖書のほかの文書とはやや違った印象を受けます。この印象はおそらく、この書がイスラエルの民族よりも、個人の人生について語っているものだからでしょう。

……人はその働きによって楽しむにこした事はない。これが彼の分だからである。だれが彼をつれていって、その後の、どうなるかを見させることができようか。

（伝道の書／第3章22節）

つまり、自分が死んだあとのことなどわからない、人生は一度きりだということです。どこか投げやりな印象を与えます。少なくとも歴史を信じないという態度がうかがえます。

これはやはり民族ではなく、個人の運命のみを問題としているのでしょう。

新約聖書の時代に近づくにつれて、聖書宗教も民族のための政治的宗教から、個人が安心を求める宗教へと変わっていきました。これには地中海世界全体の変化と関わる複雑な背景があり、聖書宗教だけの問題ではありませんが、このような個人の人生に関わる宗教のほうが、現代人にとってわかりやすいのはたしかでしょう。

旧約聖書のなかでは異色に見える「伝道の書」が意外に人気があるのは、こうしたところに理由の一端があるのかもしれません。

神に正しさを問いかける――ヨブ記

●正しい人でありつづけるヨブ

人間の目で見て、神は果たして正義なのかと問いかける「ヨブ記」は、聖書のなかでも異色の書として知られます。

ヨブという男がいました。彼はつねに神とともにある、正しい人でした。多くの子宝と財産に恵まれ、幸せな生活を送っていました。それでも彼はおごることなく、ひょっとしたら心のなかで神を軽んじることがあるかもしれない子供たちの分まで、燔祭《はんさい》を捧げていました。

ある日、神の前にサタン（悪魔のことです）がやってきました。サタンは、ヨブだって無益に神のことを恐れ敬うわけではない、神が彼によい生活を与えているからだ、もし彼からすべてを奪えばヨブも神を呪うだろう、といいました。

このようにいわれた神は、サタンがヨブから子供や家畜を奪うことを許します。果たして、一瞬のうちに子供や家畜などすべてを失ったヨブは深く悲しみました。しかし神を呪うことはしませんでした。

これを見たサタンは、次はヨブ自身の身体を痛めつけさせるようにいいました。ヨブは全身にいやな腫《は》れものができてひどく苦しみながらも、やはり神を呪

サタンのせいでヨブの周りで不幸がつづくのだが……。

うことをしませんでした。ヨブはどんなに不幸な目に遭っても、正しい人でありつづけたのです。

●神は本当に正しいのか

ヨブの身を襲った不幸を聞いて、三人の友人が見舞いにやってきました。そしてここから、長い論争がはじまります。

論争のテーマは、正しい人を神が不幸な目に遭わせるだろうかということでした。ヨブは気づかないうちに罪を犯し、どこかで神を呪ってしまったのでは……これが友人たちの主張です。ヨブはこれを否定します。

しかしそれでは、神が正しい人を不幸な目に遭わせることになってしまいます。もしそうなら神が不正を犯したことになってしまうでしょう。こうして論争は延々とつづきます。

●神の前で身の程を知る

そこへ神があらわれ、ちっぽけな人間が全能の神と争おうとするなど愚かしいとヨブを諭しはじめます。

神と出会ったヨブは自分の無知を思い知らされ、人間の分をわきまえることを覚え、ただ悔いることになりました。かくしてヨブは神と和解したのです。

わたしはあなたの事を耳で聞いていましたが、
今はわたしの目であなたを拝見いたします。
それでわたしはみずから恨み、
ちり灰の中で悔います。

（ヨブ記／第42章5節〜6節）

人間が自分の造り主である神に正しさを問うというのは、旧約聖書の中心思想からはずれたもので、この「ヨブ記」は旧約聖書が多様な展開を見せ、それぞれに深まっていったことを示すものだといえるでしょう。

運命をただ受けいれるのではなく、ものごとの正しさを自分で考える近代人にとって、「ヨブ記」の問題提起は馴染《なじ》めるものでした。このヨブの問いに共感を覚える人は少なくありません。

聖書にあまり関心がなくても、「ヨブ記」だけは好きだという人もいるようです。

第3章

イエスとキリストの物語

――新約聖書

イントロダクション
INTRODUCTION

イエスの誕生から復活まで&奇跡の物語

ここから新約聖書に移ります。旧約聖書は、古代イスラエルの民の宗教が、ユダヤ人の宗教となるまでを扱っていました。

そのユダヤ人の宗教のなかに、イエスという人物が登場します。彼は人々から救い主だと信じられます。そしてイエスが救い主であると信じる人々は、彼のことを「イエス・キリスト（あるいはキリスト・イエス）」と呼びました。この、キリストであるイエスについて書いたのが、新約聖書です。

この章では、イエスその人の誕生から十字架にはりつけにされて処刑されるまでと復活、さらにはイエスにまつわる奇跡の物語について書いたところを扱います。

この章のキーワード

【福音】（ふくいん）

「よい知らせ」のこと。聖書では大きく二つの意味で使われます。一つ目は、悪い世のなかはもう終わり、神が直接つかさどる世のなかがはじまりつつあるという知らせ。これはイエスがいったことになっています。二つ目は、イエスの死により人々の罪が許されたという知らせ。こちらはイエスの死後に考えられたものですが、聖書ではこの意味で使われる場合も少なくありません。

イエス誕生から復活までの流れ

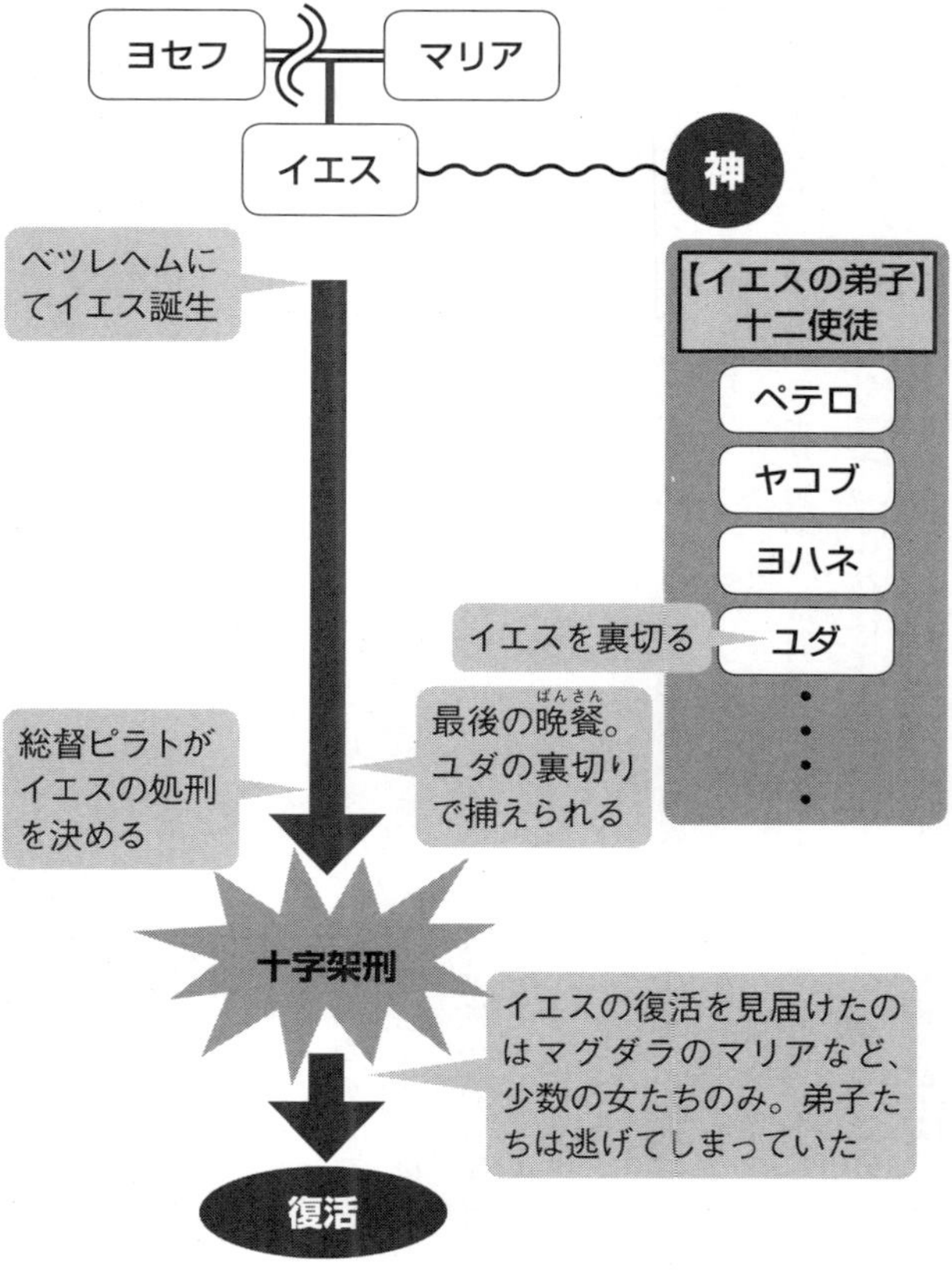
ヨセフ
マリア
イエス
神
ベツレヘムにてイエス誕生
【イエスの弟子】十二使徒
ペテロ
ヤコブ
ヨハネ
ユダ
イエスを裏切る
最後の晩餐《ばんさん》。ユダの裏切りで捕えられる
総督ピラトがイエスの処刑を決める
十字架刑
イエスの復活を見届けたのはマグダラのマリアなど、少数の女たちのみ。弟子たちは逃げてしまっていた
復活

新約聖書の主人公

イエスは名前でキリストは称号

キリスト家のイエスさん……？

　ここからは新約聖書編です。ところで、「新約聖書の主人公は誰なのか」と尋ねたら、普通は「イエス・キリスト」という答えが返ってくるでしょう。新約聖書はたしかにイエス・キリストを主人公にし、イエス・キリストについて語っている書物です。しかし、このイエス・キリストとは何なのでしょうか。ウィリアム・シェイクスピアがシェイクスピア家のウィリアムさんであるように、この呼び方はキリスト家のイエスさんであるように聞こえますが、実は名前の部分は「イエス」だけです。

　ではイエス・キリストの「キリスト」は何かというと、メシア（救い主）であることをあらわす一種の称号です。これは元来「油注がれた者」のことでした。つまり「キリスト」というのは名前ではなく、「イエス・キリスト」とはイエスこそ神に約束されたメシアである、という解釈をあらわしているのです。

ですから、「イエス・キリスト」という呼び方は、キリスト教の立場から見たもので、ユダヤ教の立場に立ってみると、イエスという人がいたことは歴史上の事実だから認めていますが、彼は別にキリストではない、ということになります。

もちろん、イエスはキリストではない、と主張しているのではありません。イエスはキリストだというのは、信じる人にとってはそうだが信じない人にとってはそうではないといっているだけです。イエスがキリストであるかないかはまさに信仰の問題で、客観的にそうだとも違うとも決められません。

●ナザレのイエスをキリストとして語るのが新約聖書

なお、「イエス」という人名はユダヤ系のものとして必ずしも珍しくないので、ほかのイエスという人と区別しにくいときには、出身地名をつけて「ナザレのイエス」といいます。「キリスト」の称号を嫌って、あえてこう呼ぶ人もいます。

この「ナザレのイエス」のことを、「キリストであるイエス」として、さまざまな角度から語るのが新約聖書です。したがって、よく子供向けの歴史の本などで見かける、「キリスト教とはイエス・キリストの教えだ」という解説は、あまり適切ではありません。第一に「イエス」と「キリスト」を結びつけるのはキリスト教信者の立場に限られること、第二にキリスト教が主張するのは「イエスの教え」でなく、「イエスについての教え」だということがあります。キリスト教の教えはイエスではなく、イエスをキリストだと信じた人々によってはじめられたのです。

聖書を読み解く　豆知識

ユダヤ教の立場から見ると、イエスのことを書いた新約聖書は聖書ではありません。旧約聖書だけが聖書です。また、新約聖書と対比することで旧約聖書というようになったのですから、この書物はユダヤ教にとって「旧約」ではなく、ただの聖書で、実際には「律法と預言者（と諸書）」と呼ばれてきました。あるいは最近では、「ヘブライ語聖書」といった呼び方をすることもあります。

四人の著者がイエスを語る

「共観福音書」とは?

マタイ、マルコ、ルカの内容はほぼ同じ

福音書には、「マタイ福音書」「マルコ福音書」「ルカ福音書」「ヨハネ福音書」の四つがあります。そのうち、最後のもの（ヨハネ福音書）を除く三つは、あらすじだけを取りだすとだいたい一致します。そこでこれら三つを合わせて「共観福音書」といいます。照らし合わせながら読む福音書ということです。別々に読むとかなり印象は違いますが、普通の人の伝記も、書く人が違えばあちこち相違も出ますから、あまり重箱の隅をつつくようなことはせず素直に読むのがよいとされてきました。

ですから、偉人伝などで語られるイエスの生涯の物語は、共観福音書の話を適宜選択して（信者でない人にとっては受けいれにくい奇跡のことは省いたりしながら）作られることがほとんどです。しかしここにも聖書編集者の手腕があって、

イエス誕生までの系図

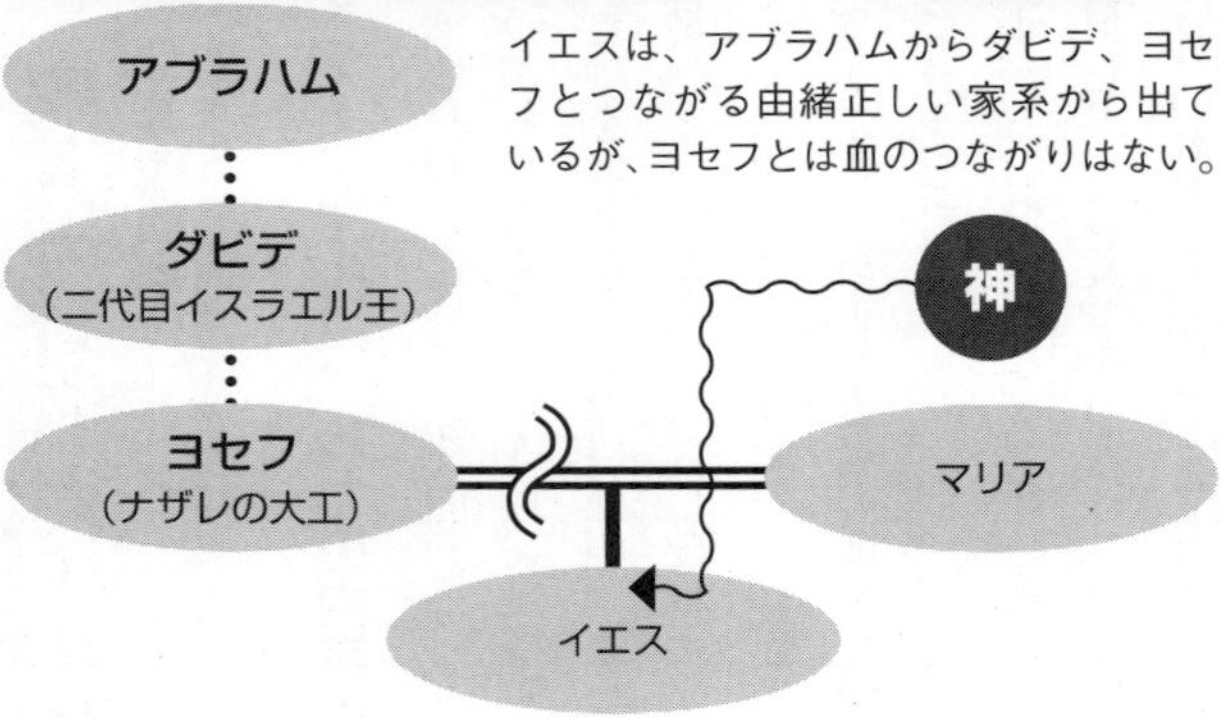

イエスは、アブラハムからダビデ、ヨセフとつながる由緒正しい家系から出ているが、ヨセフとは血のつながりはない。

最初に置かれた「マタイ福音書」の印象がいちばん強くなるようにできています。そこで多くの人が漠然と思い浮かべるイエスのイメージは、「マタイ福音書」を土台に「マルコ福音書」や「ルカ福音書」がときどき交ざったもの、ということになります。

イエスは正しい血筋である!?

さて、その「マタイ福音書」ですが、最初に系図があります。ずらずらと人名が出てきて、よほど熱心な人でないと普通は読み飛ばすでしょう。しかしこれは、いままでお話ししてきたイスラエルの歴史を踏まえているのです。いちばん最初はアブラハム、そこからくだってダビデの登場、さらにくだってイエスの父ヨセフとつながります。要するに、イエスは由緒正しいダビデの家系から出ていて、イスラエルの王として正統である、といっているわけです。

キリストというのはメシア（救い主）のことで、それはダビデの再来のように考えられていきました。ユダが独立を失って以来、このメシアを待ち望む気持ちも強くなっていたのですが、そのメシアがきちんとダビデの家系から出てくれたのなら安心です。きっとこういう気持ちで系図が作られたのでしょう。

聖書を読み解く 豆知識

イエスの父はヨセフとされていますが、実は血のつながりはありません。では、誰の子かというと神の子です。イスラエルの宗教では、人間は人間であって神ではないといっているのに、イエスだけは神の子だ、と福音書の書き手は主張します。「神の子」という解釈はイエスが普通の人間とは違う、特別な存在であったことを納得させるだけの力があると考えられたのでしょう。

福音書

処女降誕

イエス誕生には二つの物語があった

イエスはどこで生まれたか

さて、ダビデの血統であるヨセフの許婚《いいなずけ》は処女マリアでしたが、彼女はヨセフが知らないあいだに身ごもってしまいます。しかしヨセフの前に神の使い（天使です）があらわれ、こういいました。

……「**ダビデの子ヨセフよ、心配しないでマリヤを妻として迎えるがよい。その胎内に宿っているものは聖霊によるのである。彼女は男の子を産むであろう。その名をイエスと名づけなさい。彼は、おのれの民をそのもろもろの罪から救う者となるからである**」。

（マタイによる福音書／第1章20節・21節）

この言葉を聞きいれたヨセフはそのまま結婚、そうしてイエスが生まれました。生まれた場所は、ヨセフたちの家のようです。しかしイエスの誕生というと、馬小屋を思い浮かべる人が多いのではないでしょうか。これは右に引用した「マタイ福音書」ではなく、「ルカ福音書」の話なのです。こちらでは天使が、ヨセフではなく処女マリアのところにやってきます。

……「**恵まれた女よ、おめでとう、主があなたと共におられます**」。

（ルカによる福音書／第1章28節）

天使にこういわれたマリアはとても驚きますが、天使の言葉を受けいれてイエスを産むことになりました。その場所が飼葉桶《かいばおけ》のあるところだったのです。もっとも「ルカ福音書」にもはっきり馬小屋と書いてあるわけではありません。ただ普通に考えて、飼葉桶があるところといえば家畜小屋（馬とはかぎりませんが）だろう、ということで馬小屋という解釈が広まったものと思われます。

●東方の三博士の導きとエジプト逃亡——マタイ福音書

ところで、メシア（救い主すなわちキリスト）はもともとダビデの再来ですから、ダビデの出身地であるベツレヘムからあらわれるはずだと考えられていました。しかし現実のイエスはナザレの村があったガリラヤというところから登場します。さあ、何とかしてベツレヘムとガリラヤを結びつけなくてはいけない、ということで、「マタイ福音書」のほうでは、次のような物語となっています。

当時ユダヤの地は、この時代（紀元前後）の地中海世界の覇者であったローマの属領でしたが、ローマはユダヤに近いイドマヤ出身のヘロデという男をこの地域の王にして統治させます。つまりローマの間接統治です。

さて、身ごもったマリアの出産の時期になると、東方から博士《はかせ》（星占いなどをする学者のこと）たちがヘロデ王のところへやってきて、ベツレヘムに新しくユダヤ人の王が生まれたと聞くが、どこにいるのかと尋ねます。新しく生まれた王と聞き、王権を奪われるのではないかと危機感を覚えたヘロデは、そのユダヤの王を殺そうと考えました。そこでヘロデは博士たちに嘘をつき、自分もぜひ拝みたいから、その王に会ったら居場所を教えてくれるようにと頼みます。

彼らは王の言うことを聞いて出かけると、見よ、彼らが東方で見た星が、彼らより先に進んで、幼な子のいる所まで行き、その上にとどまった。

（マタイによる福音書／第2章9節）

こうして博士たちは星に導かれ、ベツレヘムのヨセフの家に到着しました。そ

「ユダヤ人の王」を捜す旅をつづけていた博士は、ベツレヘムのヨセフの家にたどりつき、赤子のイエスを捜しあてた。

こに、赤子のイエスがいたのです。博士たちはイエスに三つの贈り物を捧げます（「三つ」ということから、彼らは「東方の三博士」と呼ばれるようになりましたが本当の人数は不明です）。すると、ヘロデのところには戻るな、という夢のお告げがあったので、博士たちはそのまま東方に帰っていきました。

だまされたと気づいたヘロデは怒り、ベツレヘムの赤子を全員殺すことにしました。するとまたヨセフのもとに天使があらわれ、エジプトに逃げるようにいい、おかげでヨセフ一家は難を逃れます。ほどなくしてヘロデが死ぬと、ヨセフ一家は神託《しんたく》にしたがいユダヤの地に帰ったのですが、帰った先はベツレヘムではなくガリラヤでした。だからイエスはガリラヤからあらわれた、というわけです。

見事なお話です。ところで、何で逃げるのに遠くエジプトまで行ったかというと、これはもう明らかにイスラエルの歴史を踏まえています。つまり、ヤコブの子らが飢饉《ききん》のときエジプトに逃れ、そのあと出《しゅつ》エジプトでカナンの地にきたように、イエスも一度エジプトに逃れて再び戻ってくるということです。

ベツレヘム訪問と羊飼いへのお告げ——ルカ福音書

一方、ルカの物語のほうでは、マタイのそれとは逆で、本来ガリラヤに住んでいたヨセフとマリアが、ベツレヘムに行くことになっています。

ローマの皇帝が全世界（もちろんローマの支配下にあった地中海世界だけのことですが）の人々の戸籍を作るよう命じます。徴税できるようにということです。そこでヨセフは身重のマリアをともない、父祖の地であるベツレヘムに戻ることになったのです。ヨセフはやはりダビデの家系ということになっています。

……彼らがベツレヘムに滞在している間に、マリヤは月が満ちて、初子《ういご》を産

み、布にくるんで、飼葉おけの中に寝かせた。……

（ルカによる福音書／第2章6節・7節）

この、マリアの産んだ子がイエスです。

そのころ、近くの野では夜空のもと、羊飼いたちが群《むれ》の番をしていました。そこへ突然、天使があらわれ、救い主が誕生し飼葉桶に寝かされているとのお告げを残して夜空に消えていきました。さっそく羊飼いたちはベツレヘムまで行って飼葉桶に寝かされている赤子を捜しあてます。羊飼いたちは、天使のいうとおりであったと驚き、神を讃美したのでした。

聖書を読み解く 豆知識

クリスマスのころ、「ジングルベル」が流れるなかで聞く物語としては、「ルカ福音書」で描かれているものに近いことが多いようです。しかし東方の三博士だけは、よく「マタイ福音書」から出張してきます。ところで、「マルコ福音書」と「ヨハネ福音書」にはそもそもイエス誕生の物語がありません。こちらの福音書の書き手は、そういうところに関心がなかったのでしょう。

バプテスマのヨハネ

首を斬られた預言者の話

●洗礼による「悔い改め」

ナザレの地において幼少から青年期を過ごしたとされるイエスですが、そのころのイエスについては、わずかに「ルカ福音書」のみが神童めいた様子を伝えますが、これもあとから作られた物語であることが明白で、結局は何もわからないとしかいえません。彼が目立つ活動をしはじめるのは三十歳ごろからです。西洋ではイエスの誕生から暦《こよみ》を数えることにしたので、これは紀元三〇年前後のことになります。もっとも古代のことですし、数え間違いもあるようですから、正確なところはわかりません（先に出てきたヘロデ王は実在の人物で、紀元前四年に死んでいますから、イエスが生まれたのはその少し前ではないかといわれています）。

イエスが本格的に活動する前には、イエスの先駆者となった人がいました。それがバプテスマのヨハネです。ヨハネという名前はほかにもときどき出てくるので(福音書の書き手にもいました)、区別のため「バプテスマの」とつけます。

バプテスマとは洗礼のことです。人の罪を清めるために水で洗い流すのです。これはかなり激しいものだったようで、流れる川に全身を浸けて生まれ変わらせるというものでした。それまでの生き方を否定し、神の心にかなう生き方に変えるのです。これを「悔い改め」といいます。現代のキリスト教会でも洗礼ということをしますが、多くはヨハネほど無茶をせず、水を数滴かけるだけです。

ヨハネはこのバプテスマを人々に施していたのですが、自分も普通の生活をしていたのではなく、日本風にいえば出家者で、町を離れて荒野に住み、厳しい生き方をしていたようです。そしてもうすぐ世は変わると告げていました。しかしそれをするのは自分ではない、あとから本物がくるはずだと、イエスの出現を予告していたのです。

イエスの前をゆくヨハネとは

さて、イエスはこのヨハネのところに行って洗礼を受けます。だけどこれ、ちょっと変です。これでは何だかヨハネはイエスの師匠みたいです。おそらく歴史的な事実としては、イエスは実際にヨハネの影響下から出発したのでしょう。しかしイエスをキリストだと信じる人々（のちのキリスト教徒）が増えてくると、ヨハネがイエスより偉いみたいだと困ると考え、ヨハネに自分よりあとからくるイエスのほうがすごい、というようなことをいわせたのだろうと考えられています。

これに合わせて、イエスのほうも、自分には罪がないのに罪ある人々を救うためにあえてバプテスマを受けたと解釈されることになりました。イエスがバプテスマを受けると、天が開き神の霊が鳩《はと》のように降りてきて、イエスをわが子として祝福する神の声が聞こえたといいます。おそらくこれも、この時代にはまだ、イエスは最初から神の子である（いうならば実子）という考えと、途中から神の子となった（いうならば養子）という考えの、両方があったということのあらわれでしょう。

このあとイエスは、荒野で悪魔の誘惑と戦います。福音書には、そのときの悪魔とイエスの問答の様子が書かれています。イエスは旧約聖書の言葉を引くことで悪魔の誘惑を退《しりぞ》けるのですが、なかでももっとも有名な問答がこれです。

……**「もしあなたが神の子であるなら、これらの石がパンになるように命じてごらんなさい」。イエスは答えて言われた、「『人はパンだけで生きるものではなく、神の口から出る一つ一つの言《ことば》で生きるものである』と書いてある」。**

（マタイによる福音書／第4章3節・4節）

こうしてイエスは悪魔を退けると、ガリラヤの地に戻り、人々に教えを説きはじめたのでした。

……**「悔い改めよ、天国は近づいた」。**

（マタイによる福音書／第4章17節）

これがイエスによる福音伝道のはじまりでした。

ヨハネの首を望んだ娘

ところでバプテスマのヨハネですが、このあとガリラヤの支配者であったヘロデ（先のヘロデ王の息子）によって殺されてしまいます。いきさつはこうでした。ヘロデは兄弟の妻であるヘロデヤを奪って結婚していました。この結婚をヨハネが不正であると指摘したことから、彼はヨハネを牢獄《ろうごく》につなぎます。しかしヘロデヤはそれだけではすませず、ヨハネを殺そうとしました。そのときヘロデヤの連れ子である娘が、踊りがうまかったことが役立ちます。宴の席ですばらしい踊りを披露した娘はヘロデをおおいに喜ばせ、そのご褒美にどんな願いでも聞くという約束をとりつけました。

すると彼女は母にそそのかされて、「バプテスマのヨハネの首を盆に載せて、ここに持ってきていただきとうございます」と言った。

（マタイによる福音書／第14章8節）

約束した手前、願いを聞きいれないわけにはいかなくなったヘロデは、ヨハネの首を斬らせると、娘の前に持ってこさせました。これが、ヨハネの最期です。

聖書にヘロデヤの連れ子である娘の名前は出ていませんが、この話は、ほかの伝承と合わせて「サロメ」と呼ばれます。盆に載せられた預言者の首と踊る女を取り合わせた怪しいイメージは文学や絵画の題材として好まれました。オスカー・ワイルドの戯曲は、とくに有名です。こちらは、女を酔わせる声の男とその男の首に対する女のフェティシズムを描いた、とても官能的な内容となっています。

踊りのうまかったヘロデヤの娘。ヨハネを憎む母にそそのかされて、王にヨハネの首をせがんだ。

聖書を読み解く 豆知識

聖書はそれ自体として丁寧に読まれるのではなく、関連伝承と合わせるなどして、かなり自由に解釈されてきました。そこでは聖書の書き手が伝えたがっていることより、受け手の関心が優先されることになります。私たちが聖書の考えといって思い浮かべるのは、普通はこうした解釈の積み重ねです。イエスの母マリアは聖母としてだんだん女神のような存在とされていくことになりますし、天使はギリシア神話のキューピッドと混じっていくことになります。サロメの物語の肥大化も、その一例だといえます。

内面の道徳を説くイエス

「マタイ福音書」のイエス像

イエスに呼び集められた十二人

イエスは目立った活動をはじめてすぐに弟子を呼び寄せます。そしてイエスに呼びかけられた者はその場で何もかも捨ててついていったように書かれていま す。どの段階で人数が揃ったのか福音書間でも書き方が一致しませんが、十二人が選びだされ、「ルカ福音書」ではイエスが彼らを「使徒《しと》」と呼んで区別したように書かれているので、一般に「十二使徒」といわれています。

この十二という数はイスラエルの部族数からきているもので、歴史的な根拠はありません。実際、名前しか出てこない人もかなりいます。しかし早い時期からイエスについてきたペテロという人物は、筆頭弟子として特別扱いになります。また、本当は当人が書いたのではないとはいえ、福音書の書き手として名前があげられたヨハネやマタイも十二使徒に含まれています。ヤコブという人物も高弟《こうてい》のようですし、このあと「ヨハネ福音書」のところでふれるトマスという男もいます。そしてもうひとり、ユダという人物がいます。彼はおそらく使徒のなかでもいちばん知られているでしょう（悪い意味でですが）。この人物についてもあとでまたふれることとします。

山のうえで与えられた教え——山上《さんじょう》の垂訓《すいくん》

さて、弟子を集めたイエスは山のうえで教えを説きはじめます。山は神聖なと

イエスの十二人の弟子

ペテロ
弟子の筆頭。漁師。

アンデレ
ペテロの兄弟。漁師。

セベダイの子ヤコブ
漁師。

ヨハネ
上記のセベダイの子ヤコブの兄弟。漁師。

トマス

シモン

マタイ
取税人。この仕事は当時嫌われていた。

ヤコブ
上記のヤコブとは別人。

タダイ

ピリポ

バルトロマイ

イスカリオテのユダ
イエスを裏切る。

これは「マタイ福音書」によるもの。12人の内訳は福音書間で異なる。

ころだと考えられていましたし、何より、モーセが十戒《じっかい》を授けられたのがシナイ山でしたから、重要な教えは山で授けられるものと思われていたのでしょう。そこで、このときのイエスの教えは「山上の垂訓」と呼ばれます。これは「マタイ福音書」の第5章から第7章にわたって書かれていて、これまでとくにキリスト教に接したことのない人が「イエス・キリスト」と聞いて思い浮かべる言葉の多くが、ここにあります。

「こころの貧しい人たちは、さいわいである、天国は彼らのものである。……

（マタイによる福音書／第5章3節）

「……悪人に手向《てむ》かうな。もし、だれかがあなたの右の頬を打つなら、ほかの頬をも向けてやりなさい。……

（マタイによる福音書／第5章39節）

「……昔の人々に『殺すな。殺す者は裁判を受けねばならない』と言われていたことは、あなたがたの聞いているところである。しかし、わたしはあなたがたに言う。兄弟に対して怒《いか》る者は、だれでも裁判を受けねばならない。兄弟にむかって愚か者と言う者は、議会に引きわたされるであろう。また、

ばか者と言う者は、地獄の火に投げ込まれるであろう。……

（マタイによる福音書／第5章21節・22節）

「……求めよ、そうすれば、与えられるであろう。捜せ、そうすれば、見いだすであろう。門をたたけ、そうすれば、あけてもらえるであろう。……

（マタイによる福音書／第7章7節）

この山上の垂訓は後世に大きな影響を与えます。そうなった理由のひとつとして、道徳的な教えのようでありながら、実践するのが難しい、たいへん厳しい内容のものが多いということがあります。

これらの教えを文字どおり守ることは、ほとんど不可能でしょう。このような無理な注文がつづくのは、この教えが、人が実際に何をしたかということ以上に、人が心のなかで思ったことや感じたことを裁こうとしているからです。これはたとえば、「殺してはいけない」という人の行いについての戒《いまし》めを「怒ってはいけない」という心のなかについての戒めにまで拡大していっていることからも明らかでしょう。

私たちがついそう思いがちな、「自分のことをいちばんよく知るのは自分自身である」という考えはおそらく誤解ですが、そのような考えに基づいた近代の道徳律がかたち作られるにあたり、山上の垂訓は大きな影響を与えました。しかしそれは、あくまでも個人の内面の道徳にのみ関するものであって、社会形成についての指針となったモーセの道徳とは異なるということは、注意しておくべきでしょう。

聖書を読み解く 豆知識

現代の研究者は、山上の垂訓がイエスの語った言葉そのままだとは考えていません。もっともイエスが実際にどう語ったかを知ることは不可能でしょう。

しかし、福音書がイエスについての神話的な物語であったとしても、それはそれで意味がないわけではありません。半分虚構のイエスでも、それが歴史に大きな影響を残してきたというのはたしかだからです。

福音書

物語作家イエス

イエスを取りまく、たとえ話の数々

放蕩《ほうとう》息子のたとえ

イエスの言葉として知られるものには、山上の垂訓のような道徳的な教えのほか、多くのたとえ話があります。今度は「ルカ福音書」を見てみましょう。

まず、放蕩息子のたとえです。ある男の息子ふたりのうち、兄は父のいうことをよく守りましたが、弟は与えられた財産を贅沢三昧《ぜいたくざんまい》で遊び歩いて、使い果たしてしまいます。ほかにあてもないので仕方なく家に戻りますが、父親のほうから彼を見つけて抱き寄せ、息子の帰還を祝って宴をもうけました。まじめに働いていたのに宴など開いてもらったことのない兄が不平をいうと、父は答えました。お前はつねに私といるが、お前の弟は死んでいたのが生き返ったのだから祝うべきではないか、と（古代社会では、一般に死は絶縁のことと解されます）。

ダメな人間にも、自分から求めないでもやってくる神の愛を示すたとえとして、よくもちだされる話です。似たものとして、百匹の羊のうち一匹が迷い出たら、羊飼いは残り九十九匹を放っておいてでもその一匹を捜しに出て、見つけたら九十九匹のこと以上に喜ぶという話があります。これも弱い人間ひとりひとりに向けられた神の配慮を示す例として語られます。

●善きサマリヤ人のたとえ

あるいはこういうものもあります。共観福音書はどれも「心をつくし、精神をつくし、思いをつくして、主なるあなたの神を愛せよ」という戒《いまし》めと「自分を愛するようにあなたの隣人を愛せよ」という戒めの二つが律法《りっぽう》の要点だとイエスに語らせています。しかし「ルカ福音書」では、隣人とは誰のことかと、ある人がイエスに反問しました。するとイエスは、たとえ話でさらに問い返しました。

ある人（ユダヤ人）がエルサレムから下っていく途中で夜盗に遭い、すべて奪われたうえに殴られて道ばたに投げだされました。そこへユダヤ教の祭司と下級祭司が通りかかったが、無視して通りすぎてしまいました。しかし同じく通りかかったあるサマリヤ人は彼を宿に連れていって介抱し、その費用まで宿の主人にわたしました。では、誰が夜盗にあった人の隣人でしょうか。**彼が言った、「その人に慈悲深い行いをした人です」。そこでイエスは言われた、「あなたも行って同じようにしなさい」**。

（ルカによる福音書／第10章37節）

この「慈悲深い行いをした人」は、介抱したサマリヤ人を指しています。サマリヤ人とは滅亡したユダヤの北の王国の民がほかの民族と混ざってできた人々で、なまじ縁があるためか、ユダヤ人と反目し合っていました。しかしそういう民族的な対立より、個人間の友愛のほうが大事だと訴えているのです。

無慈悲なしもべ

「マタイ福音書」からもひとつ紹介します。あるとき弟子のペテロがイエスに質問しました。自分に対して罪を犯す人を何度まで許すべきかと。イエスは何十回でも何百回でも許しつづけなさい、と厳しい要求をするのですが、そのときに語られるたとえ話です。

王がしもべたちとのあいだで決算をしたとき、負債が莫大となったしもべが王に平伏《ひれふ》し、どうかしばらく待ってほしいと哀願しました。王は哀れに思って彼を許し、債務を免じてやりました。しかし王に許しを請《こ》うたしもべは、しもべ仲間同士での小さな借金のことは許さず、自分が貸しのある相手を牢獄につないでしまいました。ほかのしもべがこれを見て心を痛めて報告したので王は怒り、今度はこのしもべを許しませんでした。

人は誰しも神に負債があるのだから他人を責めるなという教えですが、それにしても、無限に許しつづけるというのはやはり現実的ではないでしょう。どのたとえ話も、本当にイエス自身の考えなのかどうかを知るのは容易ではありませんが、イソップ物語などと同じように生きた寓話《ぐうわ》として親しまれてきました。

聖書を読み解く 豆知識

キリスト教がユダヤ教以上に広まった理由として、「善きサマリヤ人」のたとえに見られるように、民族を離れて個人の心情の宗教となったことが挙げられます。これは宗教から政治性を奪うことでしたが、その代わりキリスト教では、出自《しゅつじ》を問わず信徒同士、誰とでも友愛を交わせるようになったのです。

福音書

奇跡物語
イエスの起こした奇跡の伝説

カペナウムの悪霊祓《ばら》い

イエスの教えより、イエスが何をしたかについて語るところの多い「マルコ福音書」は、いちばん最初に書かれた福音書であることがわかっています。そこで強調されるのが奇跡物語です。ここではそれらの話を見てみましょう。

まず出てくる奇跡物語が、悪霊祓いの話です。ガリラヤのカペナウムという町でのこと、イエスがユダヤ教の会堂に入って教えを説くと、汚れた霊に憑《つ》かれた男がイエスに悪態をつきました。しかしイエスはその霊を叱り、たちまちその男から追いだしてしまいます。人々は悪霊にさえ命じることのできるイエスに驚き、ここからイエスの噂はガリラヤ中に広まりました。

また、あるときイエスと弟子たちが舟で海をわたっていると激しい突風が起きました。弟子たちが怯《おび》えている一方で、イエスは風を叱りつけて静めてしまいました。

イエスは起きあがって風をしかり、海にむかって、「静まれ、黙れ」と言われると、風はやんで、大なぎになった。

（マルコによる福音書／第４章39節）

このときには、イエスを信じきれずに怯えていた弟子たちも叱られてしまいます。イエスはたしかに特別な人だとは思われていたようですが、「キリスト」であるとは長いあいだ明かされず、弟子たちも自分たちが何者についていっているのか理解していなかったのです。

●レギオンと豚の物語

さて、海の向こうに着いたイエスは、またも汚れた霊に取り憑かれた男に出会います。夜昼なく墓場や山で叫び声をあげ、石で自分の身体を傷つけていたこの男に憑いていた悪霊の名はレギオンといいました。彼は自分をこの土地から追いださないように、イエスに懇願してきました。イエスはこの願いを聞きいれて、レギオンを豚の大群のなかに入らせます。すると二千匹もいた豚の大群はいっせいに走りだし、崖から海へ飛び込んでしまいました。それでレギオンを宿していた男もすっかり正気に戻り、家族のもとへ帰るようイエスにいわれました。

この話の悪霊に憑かれた男の様子は、何らかの精神疾患を思わせます。彼らは病気であるとともに、家族とも離れなくてはならなくなるという意味によっても苦しんでいたのでしょう。イエスには多くの病気治しの話がありますが、これらが悪霊退治の話とまったく別のものであるようには思えません。

イエスの病気治し

イエスは人々の熱病を治し、皮膚病を治し、中風《ちゅうふう》を治し、また盲人や聾唖者《ろうあしゃ》をも治します。十二年のあいだ生理の流血がとまらず苦しんでいた女が、イエスにすがってその衣にさわったら、たちどころに治ったともあります。死んだ娘を生き返らせたとか、あるいはこれは「ヨハネ福音書」ですが、死んですでに四日も墓のなかにいれられていた男を甦らせた、という話もあります。また、皮膚病を治すときには、病人を清めるようなこともいっています。

イエスは深くあわれみ、手を伸ばして彼にさわり、「そうしてあげよう、き

よくなれ」と言われた。すると、重い皮膚病が直ちに去って、その人はきよくなった。

（マルコによる福音書／第1章41節・42節）

これは皮膚病が汚《けが》れと見られていたからでしょう。病は純然たる心身の故障としてではなく、神の与えた罰のように考えられていたのです。病人は病気そのもののほかに、神に見放された人と見られることで余計苦しんでいました。このような見方は、決して他人事ではありません。現代でも、たとえば「ガン」という病名が「社会のガン」などのように最悪なものの比喩として用いられることでガン患者はいっそう苦しむ、ということが指摘されています。

聖書を読み解く 豆知識

イエスの周りに集った人には、下賤《げせん》な職業と見られていた取税人や罪人が多かったといいます。罪人とは律法《りっぽう》を守らない人のことですが、これはおそらく貧しいなどの理由で守れない立場に置かれていたということでしょう。非科学的な奇跡は信じなくても、汚れとされた人々とのあいだに壁を作らなかったイエスの存在はやはり奇跡である、と考える人は少なくありません。

福音書

最後の晩餐

受難をも受けいれる覚悟

イエスにしたがうことは十字架への道

イエスはやがてくる受難を予期していたようでした。少なくとも福音書にはそのように書かれています。これは、イエスの評判が高まると同時に、イエスをよく思わない人も増えていったということと関係しているのかもしれません。

イエスは罪人とされた人とも分けへだてなく交わりましたが、そのことは律法《りっぽう》を守る人と守らない人を明確に区別することで成り立っていた当時のユダヤ教の宗教的秩序を脅《おびや》かすものでした。したがって、この時代の宗教的権威者たちはイエスのことを邪魔だと思っていたようです。

さて、イエスの受難に至る流れを追ってみることにしましょう。ピリポ・カイザリアという地方へ向かったとき、イエスは弟子たちに人は自分のことを何といっているか、と尋ねました。弟子たちによると、イエスは預言者だと思われているようでした。これを聞いたイエスは重ねて問います。

……「**それでは、あなたがたはわたしをだれと言うか**」。**シモン・ペテロが答えて言った、「あなたこそ、生ける神の子キリストです**」。

（マタイによる福音書／第16章15節・16節）

これはペテロの信仰告白と呼ばれる場面で、ここではじめてイエスがキリストであることがはっきり示されたのです。

しかしこのあと、イエスはこれを受けいれるどころか、自らの受難について語りはじめます。自分はこれからいくエルサレムで、長老、祭司長、律法学者たち（いずれもユダヤ教社会で地位をもつ人）から苦しみを受け、殺されてしまうだろうが、三日ののちには甦るというのです。ペテロは、そんなことはあるはずがない、とイエスを諫《いさ》めはじめます。するとイエスは、次のような言葉で弟子たちを叱りつけます。

……「**だれでもわたしについてきたいと思うなら、自分を捨て、自分の十字架を負うて、わたしに従ってきなさい。自分の命を救おうと思う者はそれを失い、わたしのために自分の命を失う者は、それを見いだすであろう**。……

（マタイによる福音書／第16章24節・25節）

しかしこれは、弟子たちには理解しがたいことでした。イエス自身は自分を待つ運命を知っていたとしても、弟子たちは、ダビデの再来たる栄光のメシアを期待していたのです。イエスについていくのは勝利の道だと確信していたのに、自分を捨てて十字架の道を行かねばならないなどといわれても、すぐにはわからないのが当然です。

この世の終わりとユダの裏切り

さて、イエスと弟子たちはガリラヤを中心にあちこち移動していましたが、最後にユダヤの都エルサレムにやってきました。イエスにとってこの上京は、死に近づくことでした。エルサレムの神殿の荘厳さに目をみはる弟子たちに対し、やがてこの神殿もあとかたもなく破壊しつくされるとイエスはいいます。それは建物の破壊だけでなく、天変地異をともなう世界の終わりの予言でした。イエスは、いまの世はもうすぐ終わるといっているのです。

これは、ちょうど過越《すぎこし》の祭《まつり》が近づく時期でした。そしてその祭でのイエスと弟子たちとの記念の食事が、レオナルド・ダ・ヴィンチの壁画などで知られる「最後の晩餐《ばんさん》」です。

夕方になって、イエスは十二弟子と一緒に食事の席につかれた。そして、一同が食事をしているとき言われた、「特にあなたがたに言っておくが、あなたがたのうちのひとりが、わたしを裏切ろうとしている」。

（マタイによる福音書／第26章20節・21節）

ここでイエスが自分を裏切ると予告しているのは、イスカリオテのユダという人物です。「マタイ福音書」ではイエスにはっきりと名指しされ、そして実際、イエスを祭司長たちに銀貨三十枚で売り渡す相談をしていたのだ、と書かれています。

ユダは、生まれてこないほうが彼自身のためによかったとまでイエスはいっていますが、この裏切りによってイエスはキリストとして完成するのですから、実はユダはキリスト教にとってどうしても必要な人物でした。あるいは、裏切るということに複雑な内面の葛藤が感じられるからでしょうか、近代の文学者のなかには、案外このユダに共感している人が多いようです。

イエスは弟子たちとの食事の席で、自分を裏切る者がいると予告した。そして、この食事が最後の晩餐となる。

弟子たちの裏切りを予告

一方、ペテロは、イエスが自分が死んだあと、弟子たちは散り散りになるというので、自分だけはそんなことはないと宣言してしまいます。しかしイエスは、「今夜鶏《にわとり》が鳴くまでに、お前は私を三度知らないというだろう」と断言しました。おそろしいことに、この予告ものちにあたります。ペテロはこうして余計な宣言をすることで、自分で自分を追い詰めていったのでした。

夜の明ける前、イエスはエルサレムの神殿から少し離れたゲッセマネというところで祈りを捧げます。このときイエスは弟子のうちペテロ、ヨハネ、ヤコブの三人だけを連れていき、近くで待たせるとその先はひとりで進み、地に伏して神に祈りました。ところが戻ってくると、弟子たちは眠っていました。イエスは弟子たちに目を覚まして待っているようにいうのですが、祈りから戻ってくると、彼らはまた眠っていました。これが三度くり返されました。ペテロたちは最後を予感しているイエスの気持ちをまったく理解していなかったのでしょう。それともうすうすは感づいていたのでしょうか。

聖書を読み解く 豆知識

最後の晩餐に集まったとされる十二人の弟子ですが、十二人という数に信憑性《しんぴょうせい》はありません。しかしイエスが受難を予感していたとしたら、この時期までに特別な弟子が選ばれた可能性はあるでしょう。ゲッセマネの祈りの場についてきたペテロ、ヨハネ、ヤコブは十二人のなかでも特別な高弟《こうてい》だったのかもしれません。このうち、ペテロは（とくに「マルコ福音書」で）イエスを理解しない弟子として批判的に描かれ、ヤコブはこのあとの迫害で殉教します。残ったヨハネのその後は不明ですが、絵画では美少年に描かれたり、福音書の書き手のひとりと考えられたり、伝説がふくらんでいきました。

ペテロとユダ
裏切りの二つのかたち

福音書

不当な裁きを受けるイエス

さて、ここからは前項の場面のつづきです。

イエスを裏切った者が、あらかじめ彼らに、「わたしの接吻する者が、その人だ。その人をつかまえろ」と合図をしておいた。彼はすぐイエスに近寄り、「先生、いかがですか」と言って、イエスに接吻した。しかし、イエスは彼に言われた、「友よ、なんのためにきたのか」。このとき、人々が進み寄って、イエスに手をかけてつかまえた。

（マタイによる福音書／第26章48節〜50節）

イエスに近づいてくる「裏切った者」とは、もちろんイスカリオテのユダのことです。そしてこのユダの手引きによって、祭司長や長老たちの手下である群集もまた、イエスたちを取り囲んでいたのでした。ユダが示し合わせたとおり、イエスに接吻をしたとたんに人々はイエスを捕縛《ほばく》しにかかってきました。するとイエスと一緒にいた弟子のひとりが剣を抜いて斬りかかり、誰かの片耳を切り落としました。しかしイエス自身が、「剣をとる者はみな、剣で滅びる」といって彼をとめ、イエスは捕まりました。

では、弟子たちはどうなったのでしょうか。彼らはみな、散り散りになって逃げてしまったのでした。最後の晩餐《ばんさん》のときにイエスがいったとおりです。

そしてイエスは長老、祭司長、律法学者たちに最高権力者である大祭司の屋敷で裁かれることになりました。これもまたイエスが予言していたことです。イエスに不利な証言はうまく集まりませんでしたが、神の子キリストということについてのイエスの物言いは大祭司には尊大と聞こえるもので、死罪はほぼ確定してしまいました。

……大祭司はその衣を引き裂いて言った、「彼は神を汚した。どうしてこれ以上、証人の必要があろう。あなたがたは今このけがし言《ごと》を聞いた。あなたがたの意見はどうか」。すると、彼らは答えて言った、「彼は死に当るものだ」。

（マタイによる福音書／第26章65節・66節）

イエスの仲間ではないかと3度問われ、3度とも知らないと答えてしまうペテロだが、のちに裏切ったことを激しく後悔する。

どちらの罪が重いのか

ところで、イエスの様子を知りたくて屋敷の中庭に入り込んでいたペテロは通りかかったひとりの女中に見とがめられ、イエスと一緒にいた人だといわれました。ペテロは、あわててそれを否定しました。そして出ていこうとすると、ほかの女中に見とがめられて同じことをいわれました。ペテロが知らないというと、また別の人が、たしかにイエスの仲間だといったので、やはり何も知らないと誓っていいました。そのとき鶏《にわとり》の声が聞こえ、ペテロはイエスの予告を思いだすことになりました。ペテロの後悔は次のように書かれています。

……するとすぐ鶏が鳴いた。ペテロは「鶏が鳴く前に、三度わたしを知らないと言うであろう」と言われたイエスの言葉を思い出し、外に出て激しく泣いた。

（マタイによる福音書／第26章74節・75節）

ペテロはこうして、意図せざる裏切り者となってしまったのでした。

人を裏切るというとき、私たちは普通、裏切る自覚があるユダ型のものばかりを思い浮かべますが、ペテロのように無自覚に裏切るほうがその分、かえって罪が重いのかもしれません。

聖書を読み解く 豆知識

自ら裏切ったユダですが、のちにこのことを激しく後悔し、祭司長たちに報酬の銀貨を返そうとしました。ところがいまさら受けとってもらえず、首を吊って死んでしまったと「マタイ福音書」には書かれています。しかしこれが歴史的事実かどうかはわかりません。あるいは早くにほかの弟子たちと別れたので、裏切り者と呼ばれるようになったということかもしれません。

福音書

十字架と復活

人は許されることを求める

イエスを磔《はりつけ》にした総督ピラト

裁かれた日の翌朝、イエスはローマ総督のところへ引きだされました。総督の名はポンテオ・ピラト。この人はキリスト教が広まったおかげで、イエスに死罪をいいわたした人としてだけ歴史に名を残すことになる不幸な人です。彼はイエス処刑のための納得できる罪状を見つけられなかったので、群衆に尋ねました。

ピラトは言った、「それではキリストといわれるイエスは、どうしたらよいか」。彼らはいっせいに「十字架につけよ」と言った。しかし、ピラトは言った、「あの人は、いったい、どんな悪事をしたのか」。すると彼らはいっそう激しく叫んで、「十字架につけよ」と言った。

（マタイによる福音書／第27章22節・23節）

ピラトは祭司長たちに扇動されてイエス処刑を叫ぶ群衆の声に負け、結局十字架刑に処すよう決めました（実は、ピラト自身の判断という説もありますが）。こうしてイエスは十字架にはりつけられることとなりました。

その後、イエスはいばらで編まれた冠をかぶらされ、ローマの兵士たちに嘲《ちょう》笑《しょう》され、唾を吐きかけられ、棒で殴られ、ついには処刑のためゴルゴタ（されこうべの場）に連れていかれました。そして十字架に磔にされたイエスの頭のうえには「ユダヤ人の王イエス」と書いた罪状書きが置かれました。イエス誕生のときにヘロデ王が恐れた「ユダヤ人の王」とは、皮肉にも、このように汚辱《おじょく》に満ちた王のことだったのです。

やがて、十字架上でイエスは息絶えました。このときペテロたち弟子は逃げてしまって、その場に立ち会うこともしていません。イエスを慕うガリラヤからきた少数の女たちが遠くから見ていただけだったといいます。このうちマグダラのマリアという人はとくにイエスを慕っていたようで、こののち、イエスの復活の証人にもなったように書かれています。

さあ、ところが話はこれで終わりではないのです。ここまでは別にキリスト教信者でなくても、多少の誇張に目をつぶればイエスという人の伝記として読めました。しかし新約聖書が主張しているのは、実はそういうことではありません。

それぞれの福音書で異なるイエスの復活物語

ペテロほかイエスの弟子たちは、イエスはキリストであるといっておきながら逃げてしまいました。自分たちが見捨てたことでイエスが死んでしまったこと、弟子でありながら、関わり合いを恐れてそんな人は知らないとイエスを拒んでしまったことなどの記憶は、彼らの罪の意識を鋭く突いたことでしょう。

しかし逆にいうと、そのイエスがもし神によって復活したとしたら、それは自分たちにとっても罪が許されたというメッセージとなる……。このあとほどなくして、イエスは復活したという信仰が起こってきます。

そしてそれぞれの福音書はそれぞれの立場で、この復活に関わる物語を記しています。最初に書かれた「マルコ福音書」では、はっきり復活とはいっていません。ただ、イエスの墓は空《から》だったというところで終わっています。

処刑から三日目の早朝、処刑を遠巻きに見ていた女たちがイエスの遺体に香料を塗ろうと入っていくと墓は空でした。そこには天使がいて、イエスはガリラヤへ行く、とペテロやほかの弟子たちに伝えるようにいいました。しかし唐突にそこで終わっているので、その後、女たちやペテロがイエスに会えたかどうかはわかりません。

「マタイ福音書」では、これとほぼ同じ筋をなぞりますが、さらにつづきがあります。こちらの物語ではイエスに会えます。そして天使のみならずイエス本人も、みなガリラヤへ行くようにといったのです。

さて、十一人の弟子たちはガリラヤに行って、イエスが彼らに行くように命じられた山に登った。そして、イエスに会って拝した。……

（マタイによる福音書／第28章16節・17節）

こうしてガリラヤに行った弟子たちは、そこでイエスから教えを広めてくるようにいわれます。「マタイ福音書」では、最後まで教えを説くイエスというイエス像として描かれています。

「ルカ福音書」でも最初の部分は同じですが、ガリラヤへ行くとはいわれません。同じころ、弟子のうちのふたりがエマオという土地へ出向く途中、イエスが近づいてきます。ところが、彼らは目を遮《さえぎ》られてそれがイエスであるとはわかりません。そして当人に話しているとは知らず、相手にイエスのことを語ります。エマオに着く少し前にその人がイエスだとわかりましたが、イエスは消えてしまいました。そこでエルサレムに戻ると、そこにまたイエスがあらわれます。そして復活を疑う者に自分の身体をよく見せます。それで弟子たちは神を讃美しつづけたのでした。

イエス復活に込められた思い

おそらく最初は、弟子たちの心のなかだけでのイエスの復活という神秘体験め

イエスは十字架に磔にされ息絶えた。このあと、イエスが復活したという信仰が起こってくる。

いたできごとがあったのでしょう。あるいはその前に、イエスがもういないというむなしい気持ちが、空の墓という伝承を作りだしたのかもしれません。しかし空の墓は、イエスがここにいないというだけでなく、別のどこかにいるという希望にもつながります。いつしかそのように考えられはじめ、あとはだんだんと細部が作り込まれた復活の物語になっていったのでしょう。

大切な人を自ら裏切ってしまった……。このような、後悔してもしきれない、とても受けとめきれないことが現実となったとき、人はきっと、そんな現実を作り変えるための物語を必要とするものなのでしょう。このことは、キリスト教のような特定の宗教の信者ではなくても、同じなのではないでしょうか。

聖書を読み解く 豆知識

どの福音書でも墓に入るのは女たちで、ペテロたち男の弟子ではありません。このうちイエスの処刑にも立ち会っていたマグダラのマリアは、「ルカ福音書」によると七つの悪霊に苦しめられていたのをイエスに助けられたそうです。男の弟子たちは危険があるとわかるとさっさと逃げてしまったのに、女たちはつねにイエスについていったというのは、興味深い対照です。

福音書

ヨハネによる福音書

人を世界の外へ連れだす思想

はじめに言葉ありき

「ヨハネ福音書」は、ほかのどれとも異なる独特の福音書です。共観福音書は史実とは思えない部分があっても、一応イエスの伝記のように読み進めていくことができます。しかし「ヨハネ福音書」はとてもそうは読めません。イエスという人間ではなく「キリスト」を書いていると、はっきり感じとれます。だからでしょうか、神学や哲学の観点からは、もっとも重視されてきました。

初めに言《ことば》があった。言は神と共にあった。言は神であった。この言は初めに神と共にあった。すべてのものは、これによってできた。できたもののうち、一つとしてこれによらないものはなかった。

（ヨハネによる福音書／第1章1節〜3節）

何らかの言葉が万物に先だって存在し、それは神とともにあり、それどころかそれ自体が神であり……本当に奇妙な書きだしです。
この時代の哲学の流派のひとつに、ストア派というものがありました。そのストア派の考えに、世界中のすべてのものには、世界を世界として秩序づける原理が備わっている、というものがあり、この原理を彼らはロゴスと呼びました。「ヨハネ福音書」の書きだしの「言《ことば》」とは、このロゴスのことをいっているようです。
ですから意地悪く見れば、「ヨハネ福音書」はストア派流の教えを自分たちのものにしようとしている、ということかもしれません。実際、ギリシア以来の哲学の思想は、聖書宗教の考えにも少しずつ影響しはじめるようになっていました。

そして言《ことば》は肉体となり、わたしたちのうちに宿った。わたしたちはその栄光を見た。……

（ヨハネによる福音書／第1章14節）

ここではロゴスが肉体をもつ人間になったといわれています。それがイエスです。共観福音書では、人間イエスが神に認められて神の子になったようにも受けとれましたが、この「ヨハネ福音書」は、それとは違います。もともと人間でないものが人間としてやってきたのだ、と驚くべきことを語ります。

イエスは何者なのか

「ヨハネ福音書」のイエスは「自分は○○である」と、自分が何者であるかについて多く語ります。

「わたしは羊の門である」（ヨハネによる福音書／第10章7節）

「わたしは道であり、真理であり、命である」（ヨハネによる福音書／第14章6節）

「わたしは命のパンである」（ヨハネによる福音書／第6章48節）

「アブラハムの生れる前からわたしは、いるのである」（ヨハネによる福音書／第8章58節）

これらの奇妙な、とりようによっては不気味な言葉は、「ヨハネ福音書」の描くイエスが、もともと普通の意味での人間でないことを示しています。文字どおりの意味で、神の子なのです。そして、神は自分の独り子をこの世に与えるほどにこの世を愛したのだ、と宣言されます。

神はそのひとり子を賜《たまわ》ったほどに、この世を愛して下さった。それは御子《みこ》を信じる者がひとりも滅びないで、永遠の命を得るためである。

しかし、人間はこの世にわが子を送った神の愛を理解せず、十字架につけて処刑してしまうことになるのです。

（ヨハネによる福音書／第3章16節）

●神の側につくか、世の側につくか

「ヨハネ福音書」はひとりひとりの人間に、神の側につくかこの世の側につくかの決断を促します。それが信仰です。

イエスの復活について、十二人の弟子のなかのトマスは、十字架の釘《くぎ》の痕《あと》のある身体を見るまでは……と信じられずにいました。すると後日、イエスが戸を開けずに家のなかに入ってきて（！）、トマスに自分の身体を確かめさせたうえでいいました。

イエスは彼に言われた、「あなたはわたしを見たので信じたのか。見ないで信ずる者は、さいわいである」。

（ヨハネによる福音書／第20章29節）

トマスは私たちと同じような常識人だったのでしょう。しかし常識にしたがうことは、神ではなく世につくことになります。しかし、もしも私たちが、自分の魂はこの世界の醜《みにく》い現実よりももっと高いところがふさわしいと考えるのなら、私たちは、身体はこの世界のなかに住んでいても、心は遠くこの世界の外を求めていることになるでしょう。

「ヨハネ福音書」のイエスは、この世の外へと人を誘いだすのです。この福音書は、信仰ということを厳しく考える人、あるいは神秘主義的傾向をもつ人たちのあいだで、とりわけ重視されてきました。

世界の外を求める精神にとって、この書は多くの慰《なぐさ》めになるものです。歴史のなかの現実のイエスを知ることより、こちらのほうがよいと考える人も少なくありません。

最後に、「ヨハネ福音書」のなかから、多くの人に慰めを与え、またその一方で多くの人に反省を促してきた有名なエピソードをひとつ紹介します。

姦淫《かんいん》のかどで捕まった女がいました。イエスに敵対する人がイエスを試そうとして、どうすればよいかイエスに尋ねました。昔の律法《りっぽう》どおりなら、石で打ち殺すことになります。

……イエスは身を起して彼らに言われた、「あなたがたの中で罪のない者が、まずこの女に石を投げつけるがよい」。

（ヨハネによる福音書／第8章7節）

こういわれた人々は誰も石を投げられず、ひとりずつその場を去っていきました。誰もいなくなったあとでイエスは女を諭して帰しました。

聖書を読み解く 豆知識

姦淫の女を救った話は、実はもともとあったものでなく、あとから付加されたと考えられています。この話の背景にあるのは教会の分派騒動で、何とか収拾をつけるために作られた可能性があります。つまり本当のテーマは姦淫の女ではなくて、分派グループを罰せずに復帰させることの正当化のようです。せっかくいい話だったのに、こんなことがわかるとちょっとがっかりしますね。

第4章

初期キリスト教の歴史

——新約聖書

イントロダクション
INTRODUCTION

イエスを信じる人々がその教えを語り継ぐ

ここからは新約聖書の後半です。イエスをキリスト（救い主）と信じた人々が、イエスがいなくなってからどうしたかを語ります。彼らの考えは、師であるイエスと必ずしも一致していたわけではありません。しかも、同じイエスを信じる人々でも、いろいろな考えが生まれてきます。この章では、そうしたいきさつを見ていきます。

直接イエスに接していない新しい信徒のなかで、もっとも指導的な立場に立ったのはパウロという人物でした。彼がほかの信徒たちに向けて書いた手紙や、あるいはイエスは近い未来にまたやってくると信じられていたので、そのときの様子を記した文書も見ていきましょう。

この章のキーワード

【キリスト教】

イエスはキリスト（救い主）であると信じる宗教のこと。もとはイスラエルの神である旧約聖書の神が民族の壁をこえて全人類を救うのですが、救ってもらうための唯一の道は神の子イエスであると主張します。この教えを受けいれた人はイエスを通じて神を信じ、悪に満ちたこの世から救ってもらいます。こうした人たちは、神が呼びかけ、神が率いることでひとつの集団になっていると考えられています。教会とはこの集団です。

イエスの死後からキリスト教誕生までの流れ

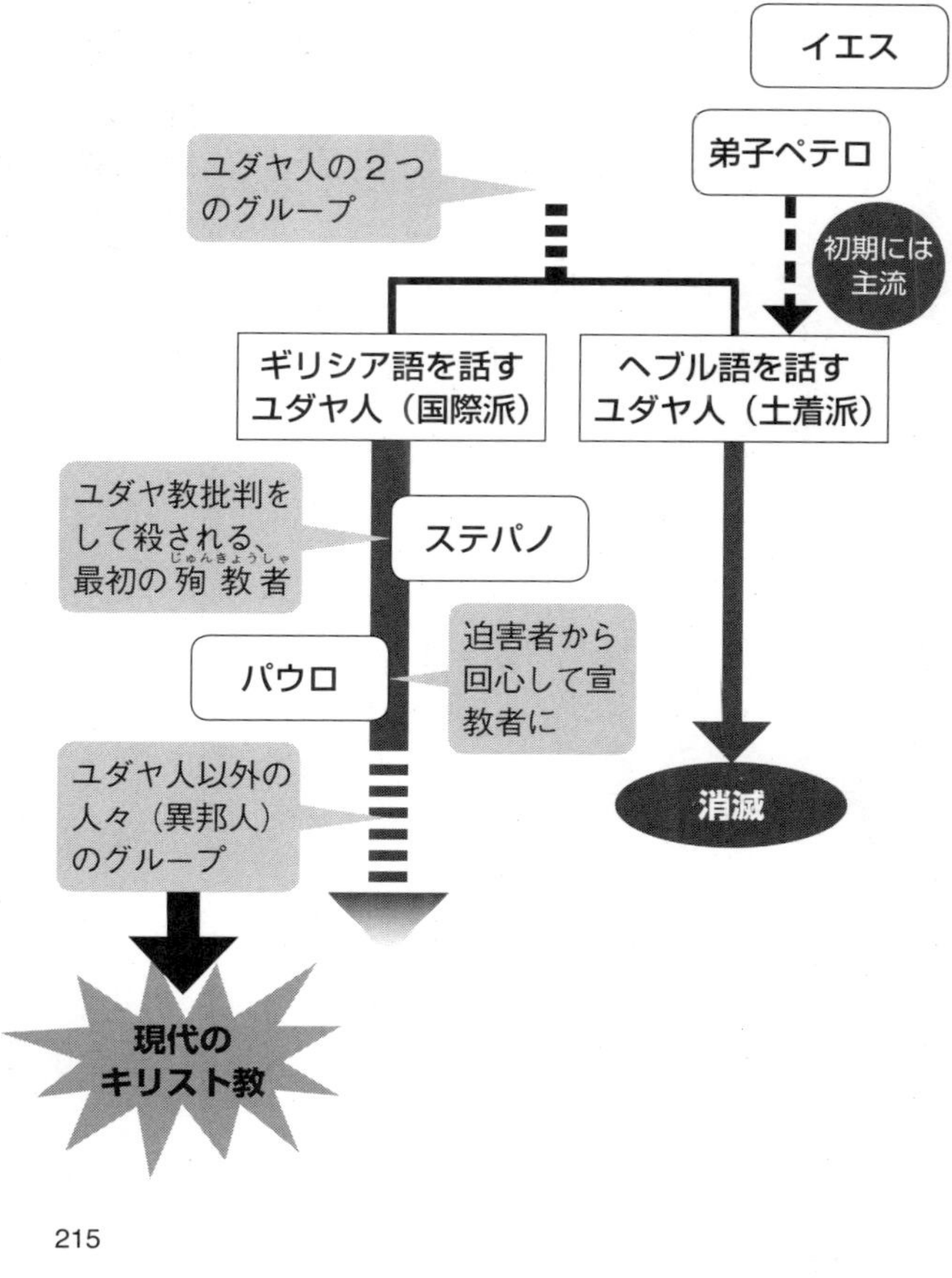

聖霊降臨

教会共同体のはじまり

教会の誕生

新約聖書の構成は、前章で見た福音書から、教会初期の様子を伝える「使徒行《しとぎょう》伝《でん》」へと進みます。この「使徒行伝」はルカ福音書と同じ著者によるもので、したがってルカ福音書と同じ考えで書かれています。その考えとは、イエスの弟子たちは政治的な集団ではなく、彼らの教えがローマ帝国の領域全体に広まっていくのは神の意図に沿ったよいことだ、というものでした。

モーセの教えはもともと政治色の濃いものでしたが、イエスをキリストと信じる人々は個人の心のなかを問題とするだけで、政治には直接関わらないように努めた集団です。彼らこそが初期キリスト教徒の集まりといっていいでしょうが、この時点では「キリスト教」という言葉自体がまだありません。イエスもその弟子もユダヤの教えを背景としており、改革は考えていたとしても、あくまでユダヤ教のなかの一グループでした。

●聖霊がイエスの信者を助ける

さて「ルカ福音書」にしたがって、十字架刑に処せられたイエスが三日ののちに復活し、使徒や弟子たちとともにいるところから新たな物語ははじまります。エルサレムの都で四十日のあいだ、弟子たちのところに何度もあらわれたイエスは、多くの弟子たちの見ている前で天に昇っていきました。しかし、その後も弟子たちはエルサレムを離れません。イエスが彼らに、やがて聖霊が降ってくると予告していたからです。

聖霊というのは、神の霊のことです。「ヨハネ福音書」にも、イエスの死後には聖霊が降ってきてイエスを信じる者たちの助けとなる、とあります。

「……わたしには、あなたがたに言うべきことがまだ多くあるが、あなたがたは今はそれに堪えられない。けれども真理の御霊《みたま》が来る時には、あなたがたをあらゆる真理に導いてくれるであろう。……

（ヨハネによる福音書／第16章12節・13節）

この「真理の御霊」が聖霊です。イエスがいなくなったあとでも人々がイエスとともにいられるように、神がこれで力づけてくれる、ということでしょう。

果たして、イエスの昇天から十日ほどのち、聖霊は降ってきました。そのときの様子はたいへん迫力のあるものだったように描かれています。

……みんなの者が一緒に集まっていると、突然、激しい風が吹いてきたような音が天から起ってきて、一同がすわっていた家いっぱいに響きわたった。また、舌のようなものが、炎のように分れて現れ、ひとりびとりの上にとどまった。すると、一同は聖霊に満たされ、御霊が語らせるままに、いろいろの他国の言葉で語り出した。

（使徒行伝／第2章1節～4節）

これは、「聖霊降臨《せいれいこうりん》」と呼ばれるできごとで、ここからキリスト教会ははじまったとされています。それで、この日は「教会の誕生日」とされています。

初期教会は、イエスの弟子の筆頭だったペテロを中心に、イエスを信じる人々の共同体としてかたち作られていきました。彼らは新しい弟子たちに洗礼を施し（これはイエスではなく、むしろバプテスマのヨハネに倣《なら》ったものですが）、だん

復活して40日後、イエスは再び弟子たちのもとを離れ、天へと昇っていった。そしてこのあと、天から聖霊が降ってくる。

だんと仲間を増やし、教会共同体を大きくしていきました。

●聖餐《せいさん》の起源

現在の教会で行われる重要な儀式の数は教会ごとに違いますが、だいたいどこでもやっているのが、洗礼と聖餐です。

聖餐とは、日曜日（教会によっては土曜日）にパン、あるいはパンと葡萄酒《ぶどうしゅ》が信者に分け与えられ、それを受けとることで信者はキリストとひとつになるというものです。最後の晩餐のとき、イエス自身が定めたとされている儀式です。

一同が食事をしているとき、イエスはパンを取り、祝福してこれをさき、

弟子たちに与えて言われた、「取れ、これはわたしのからだである」。また杯《さかずき》を取り、感謝して彼らに与えられると、一同はその杯から飲んだ。イエスはまた言われた、「これは、多くの人のために流すわたしの契約の血である……

（マルコによる福音書／第14章22節〜24節）

初期教会では、共同体としての結束を強めるため、共同で食事がとられていたようです。この共同の食事が、のちに聖餐になったのだろうと考えられています。

聖書を読み解く 豆知識

聖霊降臨のとき、みながいろいろな国の言葉で語ったとあることについては解釈が分かれます。単にそれぞれの弟子たちが、自分の地元の言葉で語りはじめたということをいっているのかもしれません。しかし、憑依《ひょうい》のような宗教現象のなかでは、たとえば神との関わりを暗示させるような場面で、何語でもない言葉が語られるという事例も報告されています。もしかしたらそういうことだったのかもしれません。

使徒行伝

国際派ユダヤ人と土着派ユダヤ人

人間が集団を作ることの難しさ

古代世界にもあった共産制

「使徒行伝」によると、この時期の使徒と、彼らが洗礼を施して新たにイエスをキリストと信じるようになった人々の生活ぶりは、互いの持ちものを共有し、みながひとつになって生きるというものでした。つまり共産制です。これは、のちの修道院の生活の手本となっていきます。

彼らの生活は、二十世紀の共産主義と同じとはいえないようですが、ごまかして財産の提供をしぶった者についての記事を見ると、共産主義の恐ろしい面ももっていたように感じられます。

ペテロがアナニヤという信徒に語ります。

「アナニヤよ、どうしてあなたは、自分の心をサタンに奪われて、聖霊を欺《あざむ》き、地所の代金をごまかしたのか。売らずに残しておけば、あなたのものであり、

売ってしまっても、あなたの自由になったはずではないか。どうして、こんなことをする気になったのか。あなたは人を欺いたのではなくて、神を欺いたのだ」。アナニヤはこの言葉を聞いているうちに、倒れて息が絶えた。このことを伝え聞いた人々は、みな非常なおそれを感じた。

（使徒行伝／第5章3節〜5節）

彼は、実際には神ではなく、人に殺されたのでしょう。凄惨《せいさん》なリンチを感じさせます。しかし、こうした共同生活は、いつまでもつづくものではありませんでした。

●ギリシア語を話すユダヤ人

ユダヤ人には、ユダヤの地に住みつづけた人々と、バビロン捕囚の解放後、外国暮らしが身についた人々という二つのグループがありました。その後、別の理由も加わり、この時代のユダヤ人には、土着派と国際派とでもいうべき二派ができていたのです。そして、後者の外国帰りの人々からもイエスをキリストと信じる人が出てくるのですが、在来の人々とのあいだの関係が問題でした。

外からきた人は、当時の地中海世界の国際語であるギリシア語を使っていました。これは、現在の国際語である英語を話す日系人のようなものです。そして日本で暮らす日本人と外国で暮らす日系人に考え方や生活習慣の違いがあるように、ユダヤ的なユダヤ人とギリシア的なユダヤ人にはいろいろな違いがありました。次第に、もめごとが生じはじめます。

そのころ、弟子の数がふえてくるにつれて、ギリシヤ語を使うユダヤ人たちから、ヘブル語を使うユダヤ人たちに対して、自分たちのやもめらが、日々の配給で、おろそかにされがちだと、苦情を申し立てた。

（使徒行伝／第6章1節）

こうした苦情に対し、イエスの弟子たちは食事係の仕事をする役職を別にもうけることにします。そこで選ばれたなかに、ステパノという男がいました。彼はギリシア的ユダヤ人の代表格だったのかもしれません。

しかしエルサレムの神殿で彼が説いたことが、土着派のユダヤ教徒の人々を怒らせてしまいます。彼の言葉がイエスによって古いユダヤ教の時代は終わったとも受けとれるものだったからでした。彼はユダヤ教当局と正面からぶつかってしまったのです。

ペテロを中心とするイエスの直弟子《じきでし》グループは、土着派ユダヤ教を怒らせないよう努めていたのでしょう。しかしステパノたちギリシア的ユダヤ人には、こうした配慮がそもそもなかったようです。

●最初の殉教者《じゅんきょうしゃ》ステパノ

ステパノはユダヤ教当局に捕縛《ほばく》され、かつてのイエスのように、長老や律法学者たちの前に連れだされました。しかしこのとき彼が語ったのは、イスラエルの歴史を振り返ってのイスラエル批判、預言者の立場に立ってのユダヤ教批判だったのです。

人々はこれを聞いて、心の底から激しく怒り、ステパノにむかって、歯ぎしりをした。しかし、彼は聖霊に満たされて、天を見つめていると、神の栄光が現れ、イエスが神の右に立っておられるのが見えた。そこで、彼は「ああ、天が開けて、人の子が神の右に立っておいでになるのが見える」と言った。人々は大声で叫びながら、耳をおおい、ステパノを目がけて、いっせいに殺

到し、彼を市外に引き出して、石で打った。……

（使徒行伝／第7章54節〜58節）

かくしてステパノは、人々に殺されてしまいます。これは、キリスト教（という名はまだなかったのですが）において、最初の殉教となりました。

こうした犠牲的な死は美化されて伝わりましたが、この伝承からはそれよりも人間が集団を作って維持することの難しさをつくづく感じさせられます。

聖書を読み解く 豆知識

イエスの弟子たちは、十字架で死んだイエスこそがキリストで、これを信じることで人は許されるという信仰を広めていきました。「福音」という言葉も、最初はこの意味で使われた可能性があります。しかしそれはイエスその人の考えとは異なるものでした。一方、死んだキリストではなく生きていたときのイエスを強調するために作られたのが「マルコ福音書」だったと考えられています。もっとも、そうして描かれたイエス像も史実のイエスと完全に重なるわけではありません。

パウロの登場

迫害者から宣教者への転換

迫害者パウロ

ステパノの死をきっかけに、エルサレムではイエスを信じる者らに対する大規模な迫害が起こったようです。そしておそらくギリシア語を話すユダヤ人信徒たちを中心に、ユダヤ各地への移動がはじまったと思われますが、使徒たちはみなエルサレムに残りました。そして、ここで重要な人物がひとり登場してくることになります。

ステパノの殉教を見ていたなかに、ユダヤ名でサウロ、ギリシア名でパウロという若者がいました。彼はギリシア語を話すユダヤ人で、日常生活にも厳しく律《りっ》法《ぽう》を適用し、それを守ることが神に仕えることであると考えるパリサイ派に属していました。むしろ、律法にしたがう日々の生活のおかげで、外地に住んでもユダヤ人という意識を保てたのでしょう。こういう人は大勢いたものと思われます。

パウロはユダヤ教徒としての強い誇りをもっていて、ユダヤの伝統を汚すようなことをいうステパノのことが許せませんでした。

サウロは、ステパノを殺すことに賛成していた。……サウロは家々に押し入って、男や女を引きずり出し、次次《つぎつぎ》に獄《ごく》に渡して、教会を荒し回った。
（使徒行伝／第８章１節～３節）

ステパノだけでなく、イエスを信じるすべての人々に対してまでもかなり乱暴な態度に出ています。ステパノらの教えは、彼にとってはそのくらい許しがたいものだったのでしょう。

目からウロコが落ちて回心する

パウロはこのあとも、ダマスコという町へ行ってイエスを信じる者たちを迫害しようとします。しかしその途上で、彼にとっては大きな事件が起こりました。

ところが、道を急いでダマスコの近くにきたとき、突然、天から光がさして、彼をめぐり照《てら》した。彼は地に倒れたが、その時「サウロ、サウロ、なぜわたしを迫害するのか」と呼びかける声を聞いた。そこで彼は「主よ、あなた

は、どなたですか」と尋ねた。すると答があった、「わたしは、あなたが迫害しているイエスである。……

（使徒行伝／第９章３節〜５節）

こう呼びかけられたパウロは起き上がると、目が見えなくなっていました。彼はそのまま三日間、何も飲まず何も食べなかったといいます。

一方、ダマスコの町では、イエスを信じるひとりの男のもとにイエスがあらわれ、パウロのところへ行くよう命じました。パウロの恐ろしい噂はこの男の耳にも届いていましたが、イエスは恐れるなといいます。キリストであるイエスを人々に伝える道具として自分がパウロを選んだのだから、とのことでした。かくしてこの男はパウロのところに向かい、パウロのうえに手を置いていいました。

……「兄弟サウロよ、あなたが来る途中で現れた主イエスは、あなたが再び見えるようになるため、そして聖霊に満たされるために、わたしをここにおつかわしになったのです」。するとたちどころに、サウロの目から、うろこのようなものが落ちて、元どおり見えるようになった。そこで彼は立ってバプテスマを受け、また食事をとって元気を取りもどした。……

突然目が見えなくなったパウロ。イエスのつかわした男により、目からウロコが落ちて元気を取り戻した。

（使徒行伝／第９章17節～19節）

こうしてパウロは回心（それまでの価値観を捨てて、生き方を完全に変えること。「悔い改め」とほぼ同じ）することになりました。いままでわかっていなかったことが一瞬のうちにわかるようになることを「目からウロコが落ちる」というのは、ここからきているのです。

初期キリスト教最大の宣教者

このあとパウロは、イエスを信じる者たちを捕縛《ほばく》するためにやってきたダマスコの町で、逆にイエスこそ神の子だ、と宣教をしはじめます。

……サウロは、ダマスコにいる弟子

たちと共に数日間を過ごしてから、ただちに諸会堂でイエスのことを宣《の》べ伝え、このイエスこそ神の子であると説きはじめた。

（使徒行伝／第9章19節・20節）

いままで迫害する立場にいた者が、今度は迫害される者となったわけです。これには人々は驚き呆《あき》れ、やがて怒りはじめました。危機を感じたパウロは何とかダマスコの町を抜けだすと、今度はエルサレムに上って使徒たちに仲間と認めてもらおうとしますが、これはなかなかうまくいかなかったようです。彼は生前のイエスには会ったこともないのですから、それも当然でしょう。一応は使徒たちに認めてもらえたのですが、彼らとの関係は最後まであまりうまくいっていなかったようです。しかしこのあとの歴史は、むしろパウロに味方しました。のちにパウロは、初期キリスト教最大の宣教者となっていきます。

もっとも、この段階ではまだ「キリスト教」という言葉はありません。ですから、パウロも自分のことをキリスト教の宣教者であるとは思っていなかったでしょう。というのも、パウロにとっては最初から最後まで、イスラエルの神に仕える者としての立場は変わっていないからです。ただ、その仕え方が変わっただけなのです。つまり、つねに律法《りっぽう》を守ることで律法を与えた神にしたがうというパリサイ派の考え方から、その同じ神に、イエスを通じた信仰によって受けいれてもらうのだという考え方への転換です。

そしてこの、神に仕えるとは律法を守ることではなく、ただイエスを信じることだ、という考えが、ユダヤ教とキリスト教との決定的な分離を生みだすことになります。

聖書を読み解く 豆知識

パウロの考えが、ユダヤ教からキリスト教が独立する一要因になったことは間違いありません。しかしパウロ以前にも、ユダヤ教のなかには狭い民族主義を脱皮しようという動きがありました。そもそもモーセの精神がそうしたものでしたし、ルツの物語のところでお話しした純血主義と国際主義という対立もこれと深く関わっています。キリスト教を待たずとも、すでにユダヤ教自体、国際宗教という側面の強い宗教であったことは注目すべき点でしょう。

「キリスト教徒」の出現

ユダヤ教の一派から独立の宗教へ

●異邦人への宣教と洗礼

ユダヤ人以外の人は、ユダヤ人から見て異邦人と呼ばれます。この異邦人に最初に洗礼を施したのは、十二使徒の筆頭であるペテロでした。イスラエルの人々はアブラハム以来、割礼《かつれい》の民ということになっていたので、割礼なき民への接触は汚《けが》れのように考えられていました。ところがペテロは、そうした異邦人もいるなかで自分たちの教えを説きました。

ペテロがこれらの言葉をまだ語り終えないうちに、それを聞いていたみんなの人たちに、聖霊がくだった。割礼を受けている信者で、ペテロについてきた人たちは、異邦人たちにも聖霊の賜物《たまもの》が注がれたのを見て、驚いた。

（使徒行伝／第10章44節・45節）

こうして彼は異邦人にも洗礼を授けたのです。しかし彼は、そのことでエルサレムの教会の仲間たちに責められてしまいます。

もっとも、このときペテロが仲間を説得したことによって、異邦人への宣教が可能になったのですが、この段階では、これはまだ例外的な事態と考えられていたようです。異邦人への伝道が増えるのはギリシア的ユダヤ人の多い外地の教会でのことです（この時期の「教会」とは、まだ専用の建物などもなく、もっぱら信者の家での集まりだったようです）。

最初の「クリスチャン」

ステパノの殉教をきっかけに起きた迫害により、イエスを信じるギリシア的ユダヤ人がエルサレムを離れるなかで、一部の人はシリアのアンテオケにまで行きました。そして彼らはそこに作った教会で、異邦人にも教えを説きはじめました。

このアンテオケの教会は、のちにはエルサレムの教会以上の力をもつことになります。パウロも、バルナバという仲間に誘われてこの教会に合流し、長く滞在したと、「使徒行伝」には書かれています。


……ふたりは、まる一年、ともどもに教会で集まりをし、大ぜいの人々を教

えた。このアンテオケで初めて、弟子たちがクリスチャンと呼ばれるようになった。

（使徒行伝／第11章26節）

ここでは「クリスチャン」と英語風に訳されていますが、実際は「クリスチャン」の語源になった単語（ギリシア語）が使われています。現代の普通の言い方をするなら、キリスト教徒です。

もっともこの言葉、最初のころは侮蔑《ぶべつ》的な意味で使われていた可能性が高いようです。「『キリスト、キリスト』という奴ら」といったところでしょうか。

●エルサレム教会と異邦人教会

その後もパウロは、熱心に宣教の旅をします。「使徒行伝」によると三度だそうです。ともかくかなりの回数、そしてかなり遠くの地にまで宣教に向かいます。そこで彼は、主として異邦人に向けて宣教をつづけました。

しかし、ここで問題となってきたのが、イエスを神の子キリストとする教えを受けいれるためには、その前にユダヤ教徒になる必要があるのではないかということでした。

イエスを信じるといっても、それはあくまでイスラエルの神へ仕えるひとつの仕え方で、仕える神はユダヤ教の神と同じ神だったからです。そうなると、教えを受けいれた者は割礼を受けて律法を守るべきだという考えも、無視はできませんでした。そこで、エルサレムにおいて協議が開かれました。

この協議の結果、いくつかの重要な戒《いまし》めを除き、異邦人にまで律法を強制する必要はないと決まりました。もっとも、ユダヤ教の慣習に馴染《なじ》んでいる人も多くいたので、エルサレム教会を中心としたユダヤ人のための教会と、アンテオケをはじめとする外地にある異邦人のための教会という、一種の住み分けが起きたようです。

ただし、指導的な地位を占めるのはやはりイエスの直弟子《じきでし》のいるエルサレム教会でした。最後まで彼らとパウロたちは心からわかり合えたわけではないように感じられます。

しかしこのあと、これは「使徒行伝」には書かれていないことなのですが、ユダヤの地で戦争が起こり、エルサレム教会の人々はエルサレムを離れて避難します。そして不思議なことに、彼らはそのまま歴史の舞台から姿を消してしまうのです。

私たちが現在、キリスト教といっているのは、すべて異邦人教会の流れに属するものです。ヨーロッパの教会もロシアの教会もアメリカ合衆国の教会も日本の教会も、どれもユダヤ人教会ではありません。

かくしてエルサレム教会は姿を消し、ステパノやパウロにつながるものだけが残りました。イエスの弟子たちのグループは、いったいどこへ消えてしまったのでしょうか……。それは誰にもわかりません。

聖書を読み解く 豆知識

イエスを信じるにあたって割礼も律法もいらないということは、ユダヤ人になる必要がないということです。これは宗教から政治色を取り払うことでした。だからこそキリスト教は、広い布教に成功したのです。

その後もキリスト教は世界中に布教をしつづけて、今日に至っています。しかしその分、モーセ以来の聖書宗教を基準として考えると、大きく変質した面があることは、忘れてはならないでしょう。

手紙

パウロの手紙に見られる考え

信仰によって、キリストとともに生きる

偽名のものが多い手紙

新約聖書には、多くの手紙が収められています。「パウロの手紙」や「ペテロの手紙」、それから、福音書の著者としても名前が出たイエスの直弟子《じきでし》ヨハネのものと考えられてきた「ヨハネの手紙」など、いろいろあります。

これらは教会の信徒に向けて書かれました。受けとった教会では朗読されることが多かったようです。書き手の名前には偽りのものが多く、確実に本物と認められるのは「パウロの手紙」のうちの七通のみのようです。

もっとも、「ペテロの手紙」を書いたのがペテロでなく、「ヨハネの手紙」を書いたのがヨハネでないとしても、その内容までが否定されるものではありません。とくに「パウロの手紙」は、キリスト教思想に影響を与えたという意味では、新約聖書のなかでもっとも影響力の大きな文書かもしれません。

●律法《りっぽう》の時代の終わり

パウロはもともとパリサイ派で、律法を遵守《じゅんしゅ》することで神とつながることができると信じていました。しかし彼はそれだけに、律法というものを、単に外的な振る舞いを律するだけの法的規範というより、もっと内面的にとらえていたようです。

これはパウロがユダヤの地での生活基盤から離れたギリシア的ユダヤ人だったからかもしれませんし、あるいはほかの要因があるのかもしれませんが、神の戒《いまし》めを守ることについて、とても厳しい要求を自分に課し、自分自身を追い込んでいったように見えます。その結果、律法を守りきれない自分に絶望していくことになります。こうして彼は、律法とは人が何を守れないのかを教えるもので、むしろ呪いであると感じるようになっていきました。

もちろんこれは、パウロが人一倍まじめに律法を守ろうとしたからです。そしてかえってそのために、彼は律法の限界に接することになったのです。パウロにとって律法とは、それをきちんと守って正しい人となることで神に喜ばれるためのものではなく、人がそれを守れないことを知らしめるためのものでした。
しかし、罪にまみれた古い自分は、十字架につけられたキリストとともに死んで、新しく生まれ変わります。このようにしてキリストと結びつくことが、彼のいう信仰です。

●生きたイエスではなく、死んで復活したキリスト

わたしたちの内の古き人はキリストと共に十字架につけられた。それは、この罪のからだが滅び、わたしたちがもはや、罪の奴隷となることがないためである。それは、すでに死んだ者は、罪から解放されているからである。もしわたしたちが、キリストと共に死んだなら、また彼と共に生きることを信じる。

（ローマ人への手紙／第6章6節～8節）

こうなると律法は、イエスの出現によって、もうその歴史的役目を終えたことになります。そしてその律法を守ることで、ほかの人々と自分たちを分ける「ユダヤ人」という枠が、パウロにとっては無意味になったのでした。

もはや、ユダヤ人もギリシヤ人もなく、奴隷も自由人もなく、男も女もない。

……（ガラテヤ人への手紙／第3章28節）

彼が異邦人への宣教に積極的で、その際、律法や割礼《かつれい》は不要だと考えたのは、このような理解があったからです。福音はもはやユダヤ人だけのものではありません。しかしこの考えでは、イエスは人類の代表として死ぬことによってキリストになったのであり、生きていたときのイエスはどうでもよいことになります。パウロが生前のイエスのことをほとんど知りもしないのに、キリストへの信仰に目覚めたのは、このような独特なキリスト理解があったからです。

聖書を読み解く 豆知識

新約聖書に入っている文書のうち最初に書かれたのは、パウロの手紙の一部であることがわかっています。しかし、パウロの主題は、イエスという人ではなく、十字架につけられて死んだキリストについてでした。パウロは初期キリスト教最大の宣教者ですが、こうしたパウロの理解によって、生きたイエスが忘れられるようになったということも注意すべきでしょう。

ヨハネの黙示録①

終末の日にやってくるキリスト

イエスから遠く離れて

新約聖書に収められた手紙の書き手たちは、誰も生きたイエスには会っていません。福音書の著者たちも会っていないので、手紙のなかに登場するイエスは、最初から普通の人間とは違うものとして解釈されて描かれています。それはたとえばアダムに代わる人間の新しいパターンだったり、宇宙全体を包み込んでしまう壮大な存在であったり……、生きていたイエスの人間像からはかなり遠いようです。

こうしたキリスト像をさらに推し進めたのが、世の終わりについて書き記した「ヨハネの黙示録」の描くイエス・キリストです。これはもう、イエスという人物とはほとんど何の関係もないと思われます（ですから、ここでもただ「キリスト」と書くことにします）。

しかし「ヨハネの黙示録」には、新約聖書をしめくくって歴史の終点を記すという重要な役割が与えられ、またその内容の不思議さからも、多くの人の関心を引いてきました。

●終末が近いとされていた時代

イエスの時代のユダヤでは、黙示文学の考えがかなり広まっていたといわれています。黙示文学とは、ユダヤ教やキリスト教の文書において、著者が幻として見たものを語る幻想的な文学形式のことです。ただし、本当に著者が幻視体験をもったというよりは、何かの象徴として考えられている場合が多いようです。そこでは、じきに終末がくると思われていました。終末は歴史の完成でもあり喜ぶべきことですが、他方では大きな破局をともなう恐ろしいものです。

こうした土壌を背景に、世の終わりにはイエスがやってくる、と信じられるようになりました。これを「再臨《さいりん》」といいます。

十字架刑で死んでから復活し、いまは天に昇っているイエスが、最後にもう一度地上にやってくることを意味します。

初期のキリスト教は、この終末のときを遠い未来のことではなく、もうすぐのことと考えていたようです。あるいはキリスト教がモーセの教えと違って政治性をなくしていたこともこれに関係があるのかもしれません。現在の世界がもうすぐ終わるのなら、世界をどのように律するかという問題も意味を失うからです。

もちろん、のちのキリスト教は終末ということについて考え直さなくてはならなくなります。イエスのあと、すぐには終末がこなかったからです。

しかし、それは聖書の問題ではありません。あくまでのちの時代のキリスト教の問題でした。

輝く太陽のような顔のキリスト

「ヨハネの黙示録」は、象徴を多く用いた幻想的な書き方のため、きわめてわかりにくいものとなっていますが、そのためにかえって多くの人々の興味を引いていることもまた事実です。

著者は自らヨハネと名乗っていますが、福音書の著者とは別人だと考えられています。さて、この黙示録の著者ヨハネはあるとき、霊（聖霊）に満たされて、ラッパのような大きな声を聞いた、とあります。

そこでわたしは、わたしに呼びかけたその声を見ようとしてふりむいた。
ふりむくと、七つの金の燭台《しょくだい》が目についた。
それらの燭台の間に、足までたれた上着を着、
胸に金の帯をしめている人の子のような者がいた。
そのかしらと髪の毛とは、
雪のように白い羊毛に似て真白であり、
目は燃える炎のようであった。

（ヨハネの黙示録／第1章12節〜14節）

ここに描かれているのはキリストの姿です。キリストについての不思議な描写はさらにつづきます。

その足は、炉《ろ》で精錬されて光り輝くしんちゅうのようであり、
声は大水《おおみず》のとどろきのようであった。
その右手に七つの星を持ち、
口からは、鋭いもろ刃のつるぎがつき出ており、

顔は、強く照り輝く太陽のようであった。

（ヨハネの黙示録／第1章15節・16節）

ヨハネはその足もとに倒れ伏しましたが、キリストは恐れるなといい、七つの教会に奥義《おうぎ》を伝えるようにと命じました。そして、それぞれの教会宛てのメッセージを述べはじめます。そこで信徒たちに、正しい信仰から離れないようにとの警告が与えられ、困難のなかにあっても必ず救われるという未来が知らされるのです。

聖書を読み解く 豆知識

「ヨハネの黙示録」は、敵と味方をはっきり分けて、味方のみを励ます文書です。このような黙示文学の考えには、世界を善なる神と悪なる神の戦いの場と見るペルシアの宗教（ゾロアスター教）の影響があるとも指摘されますが、そこにあらわれる破壊と滅亡のイメージは、人々を恐れさせつつも魅惑してきました。

ヨハネの黙示録②

最後の審判の果てに

天の審判でキリストが解《と》く七つの封印

七つの教会へのメッセージが語られたあと、「ヨハネの黙示録」はいよいよ幻想の度合いを強めていきます。そこで語られるのが、最後の審判です。これは、この世の終わりに神がすべての者を裁くという考えです。

人類の歴史が最後となる日、天の審判の座に神がいるのが見える、とあります。ヨハネに呼びかけたキリストが、彼を天の門に引きあげてそれを見せているのでした。

……見よ、御座《みざ》が天に設けられており、その御座にいますかたがあった。その座にいますかたは、碧玉《へきぎょく》や赤めのうのように見え、また、御座のまわりには、緑玉《りょくぎょく》のように見えるにじが現れていた。

（ヨハネの黙示録／第4章2節・3節）

そして、その神のまわりには四つの生き物がいた、とつづきます。

第一の生き物はししのようであり、第二の生き物は雄牛のようであり、第三の生き物は人のような顔をしており、第四の生き物は跳ぶわしのようであった。この四つの生き物には、それぞれ六つの翼があり、その翼のまわりも内側も目で満ちていた。……

（ヨハネの黙示録／第4章7節・8節）

この生き物たちは、前にも後ろにも一面に目がついていたとありますから、文字どおりに受けとるなら、かなり不気味です。

さて、神の右手には、七つの封印がしてある巻き物がありました。ところが、この封印を解いて巻き物を開くことのできる者がいなかったので、ヨハネは泣いたとあります。

しかしそこに、犠牲として捧げられて殺された小羊が立っているのが見えました。神はこの小羊に巻き物をわたします。この小羊こそがキリストでした。

死んだはずの小羊が立ってあらわれたというのは、キリストの復活をあらわしているのでしょう。そしてそのキリストが巻き物を受けとるということは、彼の天での即位を示していると思われます。

●不気味な終末のイメージ

神の小羊（キリスト）が封印を解くたび、恐ろしい様《さま》が見えます。なかでも、第四の封印を解く場面は不気味です。

小羊が第四の封印を解いた時、第四の生き物が「きたれ」と言う声を、わたしは聞いた。そこで見ていると、見よ、青白い馬が出てきた。そして、それに乗っている者の名は「死」と言い、それに黄泉《よみ》が従っていた。……

（ヨハネの黙示録／第6章7節・8節）

さて、こうして七つの封印すべてが解かれると、次は七つのラッパが神の天使たちにわたされ、ひとつずつ吹き鳴らされていきます。するとまた、そのたびごとに地上が焼けたり、あるいは海の三分の一が血となったり……というような恐ろしいイメージがつづきます。

さらに今度は、神の怒りで満ちた七つの鉢《はち》が天使たちにわたされます。その鉢を天使が傾けるごとに、海が死人の血のようになって生き物が死んだり、太陽が

小羊の姿を借りたイエスは、神が手にする巻き物の７つの封印を解くことに成功した。

人々を焼いたり、逆に暗くなったりと恐ろしいことがつづき、最後の鉢が傾けられたときには終結を示す声が聞こえ、決定的な天変地異となります。これが、終末の日の審判の様子でした。

●破局から新生へ

いまもよく使われる「ハルマゲドン」という言葉も、この「ヨハネの黙示録」からきたものです。先の七つの鉢のところで、第六のものが傾けられたとき、悪霊たちは神と戦うため全世界の王を召集します。そしてその召集の場所が、ハルマゲドンというところでした。それで破局をともなう善悪の最終決戦の場が、この言葉で呼ばれているのです。
さて、このあと、第七の鉢が傾けられ、神からの終結宣言がだされてからも、終末の描写はつづきます。天使が底の知れないところ（日本風にいえば奈落《ならく》）の鍵と大きな鎖を持って降りてきて、悪魔である竜をつなぐと、いままでに死んだ殉教者《じゅんきょうしゃ》や信徒たちが生き返るのです。

……これが第一の復活である。この第一の復活にあずかる者は、さいわいな者であり、また聖なる者である。この人たちに対しては、第二の死はなんの力もない。彼らは神とキリストとの祭司となり、キリストと共に千年の間、支配する。

（ヨハネの黙示録／第20章5節・6節）

この支配は、のちに「千年王国」と呼ばれるようになりました。
しかし、まだすべてが終わったわけではありません。千年ののち、悪魔が再び解き放たれるからです。そこで悪魔は、最後の戦いのために仲間を召集します。ここにハルマゲドンという語は出てきませんが、多くの人が思い浮かべるハルマゲドンのイメージはむしろこちらでしょう。

彼らは地上の広い所に上ってきて、聖徒たちの陣営と愛されていた都《みやこ》とを包囲した。すると、天から火が下《くだ》ってきて、彼らを焼き尽した。そして、彼らを惑わした悪魔は、火と硫黄《いおう》との池に投げ込まれた。そこには、獣《けもの》もにせ預言者もいて、彼らは世々限りなく日夜、苦しめられるのである。

（ヨハネの黙示録／第20章９節・10節）

こうして神と悪魔の最後の戦いも、ようやく終わりました。

しかしまだ審判はつづきます。先には特別な人だけが復活し（これは第一の復活といわれていました）、キリストとともに世を治めましたが、まだほかの人たちが残っているからです（つまり第二の復活です）。

今度はアダム以来の人間すべてが復活の対象です。きっと膨大な数でしょう。そして、彼らはその所業に応じて裁かれることになるのですが、神の手には「いのちの書」なるものがあり、そこに名前が載っていない者はすべて、悪魔と同じ火の池に投げ込まれてしまうのです。これが、いわば永遠の死、ということになります。

その後、神は新しい天地を造ります。そこへ聖なる都、新しいエルサレムが降ってきます。この町に住む人にはもはや、死も悲しみも叫びも痛みもありませんでした。そして選ばれた人は、永遠にここで暮らしていくというわけです。
イエスの再臨は近い、ここに示されたことは、すぐに明らかとなる、という確信とともに「ヨハネの黙示録」は閉じられます。そしてまたそれは、聖書という壮大なドラマのエンディングでもありました。もっとも、これが本当に聖書にふさわしいエンディングであるかどうかは、いまも意見が分かれています。

聖書を読み解く 豆知識

このころすでにキリスト教は民族宗教から世界宗教に変化していましたが、「ヨハネの黙示録」に見られる幻想的イメージは、敵味方の対立を宇宙的規模の破局と再生であらわしており、のちの世代に大きな影響を残しました。この文書の言葉を使った人を脅《おびや》かす宗教や予言のたぐいはつきることがありませんし、ホラー文学や映画、マンガなどでもよく引用されます。

●おわりに●

聖書という本を取り上げて、だいたいこういうことが書いてある、という程度のことはいえるとしても、聖書の主張はこうだということはとても難しく、あるいはほとんど不可能なことのように思えます。

まず、聖書は時代も文化もまったく違うところで書かれたものだからです。人はよく聖書に人生訓を見ようとしますが、もともと現代人に向けて書かれたのでも、日常生活の知恵を主題にまとめられたのでもありません。しかも聖書は多くの人々の書いたものをあとから集めて編集したものなので、そもそもそこにひとつのまとまった主張があるかどうかすらわかりません。

しかし一方で、聖書は有名な古典でもありますから、こんなふうに解釈されてきた、という歴史があります。その解釈は、ひょっとすると聖書に対する誤解なのかもしれませんが、そのような理解の伝統があるのもたしかです。聖書といって私たちが普通思い浮かべるのは、たいていの場合、実はこの伝統のことです。しかしそれは、聖書そのものを丁寧に読むことと必ずしも一致しません。

本書では、多くの人に親しみのある、「こんなふうに思われてきた聖書」が主題なので、逆に聖書の直接の引用には慎重であるほうがよいのではないかとも考えました。わが国にも多くの聖書の翻訳がありますが、読み較べると、実は相当に印象が異なります。印象どころか、はっきり違うことが書いてある場合もあります。聖書に何が書いてあるか決めるのは、やはり難しいといわざるをえません。

聖書の概略を知りたいなら、翻訳を読むよりきちんとした解説を読んだほうがよほどよくわかります。しかし古典としての聖書の魅力は、特定の翻訳を通してであれ、じかに接することではじめて感じられるものだという編集部の方のご意見もあり、第二次大戦後長く親しまれてきた日本聖書協会の口語訳聖書の本文を提示し、そこに解説をつけるかたちになりました。

なお、書名に「超訳」とありますが、本書は訳本ではなく、あくまでも長く親しまれてきた訳からの抜粋と解説であることをここに申し上げておきます。

本書は編集部との共同作業によって生みだされました。この本を読んでくださった方々に聖書の魅力が少しでも伝わっていることを願ってやみません。聖書はあまり読みやすい本ではありませんが（それどころかうんと読みにくい本ですが）、とびきりおもしろい本であることはたしかなのですから。

●参考文献（順不同）

『口語訳　聖書』日本聖書協会／『どう読むか、聖書』青野太潮　朝日新聞社／『イエスとその時代』荒井献　岩波新書／『イエス・キリスト』荒井献　講談社／『パウロをどうとらえるか』荒井献（編）　新教出版社／『聖書名言辞典』荒井献、池田裕（編著）　講談社／『ユダヤ教の誕生：「一神教」成立の謎』荒井章三　講談社／『新約聖書はなぜギリシア語で書かれたか』加藤隆　大修館書店／『一神教の誕生：ユダヤ教からキリスト教へ』加藤隆　講談社現代新書／『聖書解釈の歴史：宗教改革から現代まで』木田献一、高橋敬基（編）　日本基督教団出版局／『聖書を読む：旧約篇』旧約聖書翻訳委員会（編）　岩波書店／『聖書の世界・総解説』木田献一他　自由国民社／『旧約聖書（全15冊）』旧約聖書翻訳委員会（訳）　岩波書店／『使徒パウロ：伝道にかけた生涯』佐竹明　日本放送出版協会／『聖書時代史：新約篇』佐藤研　岩波現代文庫／『聖書を読む：新約篇』新約聖書翻訳委員会（編）　岩波書店／『新約聖書』新約聖書翻訳委員会（訳）　岩波書店／『倫理の探索：聖書からのアプローチ』関根清三　中公新書／『旧約聖書の思想：24の断章』関根清三　講談社学術文庫／『イスラエル宗教文化史』関根正雄　岩波全書セレクション／『旧約聖書文学史』関根正雄　岩波全書セレクション／『旧約聖書』関根正雄（訳）　教文館／『聖書の世界（全10巻）』関根正雄（監修）　講談社／『原始キリスト教史の一断面：福音書文学の成立』田川建三　勁草書房／『書物としての新約聖書』田川建三　勁草書房／『イエスという男（第二版）』田川建三　作品社／『新約聖書：訳と註（現在1、3、4巻まで）』田川建三（訳）　作品社／『「聖書」世界の構成論理』谷泰　岩波書店／『聖書解釈の歴史：新約聖書から宗教改革まで』出村彰、宮谷宣史（編）　日本基督教団出版局／『新約思想の成立（増補第四版）』八木誠一　新教出版社／『ヘブライの神話：創造と奇跡の物語』矢島文夫　筑摩書房／『聖書時代史：旧約篇』山我哲雄　岩波現代文庫／『聖書の起源』山形孝夫　講談社現代新書／『もう一度学びたい聖書』大島力（監修）　西東社／『地図とあらすじでわかる聖書』船木弘毅（監修）　青春出版社／『面白いほどよくわかる聖書のすべて』ひろさちや（監修）　日本文芸社／『3日でわかる聖書』鹿嶋春平太（監修）　ダイヤモンド社

●著者略歴
大城 信哉（おおしろ しんや）
1959年東京まれ。立教大学文学部卒。同大学院修士課程修了。現在、琉球大学非常勤講師（哲学、倫理学）。専門は西洋宗教思想史。
共著に『図解雑学　構造主義』小野功生監修（ナツメ社）など。
近著論文に「ピューリタン救済確証論における経験的な『確実さ』について」（『西日本哲学会年報』17号）など。

STAFF
●本文デザイン　宮嶋まさ代
●本文イラスト　山田 惠子
●編集協力　パケット／千葉淳子
●編集担当　龍崎 忍（永岡書店）

超！ 超訳　あらすじと解説で
「聖書」が一気にわかる本

著　者　大城 信哉
発行者　永岡 修一
発行所　株式会社永岡書店
〒176-8518 東京都練馬区豊玉上1-7-14
代表 03（3992）5155
編集 03（3992）7191
印　刷　図書印刷
製　本　コモンズデザイン・ネットワーク

ISBN978-4-522-47623-9 C0176